そこの彼女は、「何キャリ」？

生活全部に全力投球
モーレツキャリアの
モーキャリ
(11.5%)

人生のおしりから
スケジュールひくと
そろそろ結婚しなきゃ

年齢：27.0歳
(やや20代前半が多め)

年収：346.0万円
(7クラスター中4位)

おこづかい：50,394円
(7クラスター中2位)

職業：営業・企画職が多め

モーキャリ3箇条

一、生活360度ノンストップ邁進！ 恋愛も積極的、人生計画は完璧。

二、交遊関係は広く、誰とでも友達に。コネクションづくりに余念なし。

三、あらゆる源から、情報を吸収！ リアルもデジタルもフル活用。

●モーキャリのかばんの中身●

- **ブランドの長財布&名刺入れ**
  (小物はきちんとブランドで！)
- **ハンカチ・ティッシュ**
- **歯ブラシセット・ミンティア**
  (人と会う仕事なのでエチケットもバッチリ)
- **メイクポーチ／香りのよいハンドクリーム**
  (忙しい中でも女性らしい気持ちになれる)
- **モデルさんが書いたハワイ本**
  (スキマ時間でプライベートの予定も計画)
- **コンパクトに折りたためるペタンコシューズ**
- **予備のピアス**
  (いざというときの備えも抜かりなく)

HAWAII

家族との幸せを最優先
ちょいっとキャリアの

ちょいキャリ

（9.7%）

年齢：27.3歳
(20代前半が多い)

年収：328.1万円
(7クラスター中7位)

おこづかい：48,298円
(7クラスター中3位)

職業：一般職の事務系

ちょいキャリ3箇条

一、女性の幸せ＝結婚にあり！
二、人間関係は〝気の合う仲間と狭く〟
気の強い人はちょっと苦手。
三、かわいい小物はつい買いがち。
特にキャラクターグッズが好き。

●ちょいキャリのかばんの中身●

- キャラクターデザインのペンとスケジュール帳
- キャラクターデザインの大きな折りたたみミラー
（キャラ物大好き♥）
- ポイントカードやクーポンが入った折りたたみ財布
（お得情報は逃さず収集）
- ノーブランドのメイクポーチ（バニティ型）
（プチプラ化粧品、色つきリップなど）
（メイクは大好きなので、いつも一式持ち歩き。ただし、中はプチプラが多い）
- キャラクターのお弁当箱

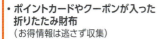

趣味重視で我が道を行く
割り切りキャリアの
割りキャリ
（14.1%）

年齢：27.9歳
（20代後半が多い）

年収：339.6万円
（7クラスター中5位）

おこづかい：39,783円
（7クラスター中6位）

職業：一般職の事務系が多め

割りキャリ3箇条

一、仕事、恋愛よりも、趣味命！情熱を傾けるもののために生きる。

二、仕事はあくまでお金を得るための手段。成長ややりがいは求めない。

三、大勢でわいわいすることや、社交的な場はちょっと苦手。

●割りキャリのかばんの中身●

- 雑貨屋で買ったシンプルな合皮の長財布
- シンプルなペンとスケジュール手帳
（特にこだわりはない）
- メイクポーチ（ファンデーション、口紅、リップクリーム、ハンドクリームなど）
（必要そうなものは一応持ち歩く）

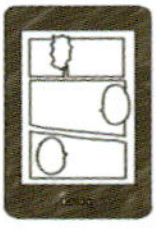

- 漫画の新刊
- イヤホン、Kindle 端末、モバイルバッテリー
（常に漫画やアニメを見られるようにしている）
- のど飴、グミ
（口寂しいときに食べる、よく変わった味にチャレンジしてみる）

あたしは、
もっとできる。

仕事一筋のスペシャリスト
プロフェッショナルキャリアの
プロキャリ
(13.3%)

年齢：27.4歳
(20代後半が少ない)

年収：333.0万円
(7クラスター中6位)

おこづかい：35,630円
(7クラスター中7位)

職業：技術・専門職が多め

プロキャリ3箇条

一、仕事が大好きで、できるだけ長く仕事をしていたい。

二、買い物はブランドや周囲の評価にとらわれず、自分目線を大事に。

三、パートナーとはフラットに。結婚や恋愛にもこだわらない。

●プロキャリのかばんの中身●

- **黒のシンプルな長財布**
- **分厚い革手帳**（マンスリー、バーチカル、デイリーといろいろ書き込める）
- **資格の本、筆記用具、ノート、メガネ**
  (いつでも勉強できるように)
- **読書用の本（自己啓発系）**
  (通勤中はこっちの本を読む)
- **ミニ家計簿**
  (レシートをもらえないこともあるので使ったらできるだけその場でメモ)
- **ファンデーション、リップ**
  (最低限の化粧直し用)
- **プレーンな無地のお弁当箱**

社会保険労務士
試験
過去問集

自分磨きで
玉の輿を夢見る
乗っかりキャリアの
乗っキャリ
（15.1%）

年齢：27.4歳
（20代後半が多い）
年収：348.2万円
（7クラスター中3位）
おこづかい：50,651円
（7クラスター中1位）
職業：一般職の事務系

乗っキャリ3箇条

一、結婚は〝世間体〟重視！
経済力＆ステータスを求める。

二、職場は環境重視（特に人間関係）。

三、みんなに嫌われたくない！
気配り上手な同調型。

●乗っキャリのかばんの中身●

- **ピンクのオトナかわいい折りたたみ財布**
（大好きなブランドものでご褒美購入）
- **パステルカラーのメイクポーチ**
（姫系コスメが入っている）
（化粧直しは1日2回。気分が上がるパッケージのものをチョイス）
- **ビタミン剤が入ったピルケース**
（美容のためにサプリも常用）

- **ブランドのタオルハンカチ、**
ケース入りティッシュ
（女子のたしなみとしてハンカチは2枚持ち！）
- **絆創膏**
- **裁縫道具**
（困っている人のために持ち歩き）

- **小さめな花柄のお弁当箱**

何事も現状維持志向
平凡キャリアの

凡キャリ
（21.6%）

年齢：28.1歳
(30代前半が多い)

年収：376.6万円
(7クラスター中2位)

おこづかい：41,466円
(7クラスター中5位)

職業：一般職

●凡キャリのかばんの中身●

- **シンプルな折りたたみ財布**
（どこで買ったんだったか？　長年使っている）
- **色つきリップ**
（化粧直しが必要なほど
しないのでリップだけでOK）

- **お弁当箱（タッパー）、水筒**
（タッパーはそのままレンジでチン
できるので重宝）
- **ワンポイントの入ったハンカチ、
ティッシュ**
（ハンカチは何かのおまけで
もらったような気がする）

凡キャリ3箇条

一、日々何事もなく平和に過ごしたい。

二、恋愛・結婚や人間関係は受け身で、変化を起こすことが苦手。

三、日常生活で自然に触れる家族やテレビで見た情報を元に生活。

いいね！モンスター
キラキラキャリアの
キラキャリ
（14.8%）

年齢：27.3歳
（20代前半が多い）

年収：378.9万円
（7クラスター中1位）

おこづかい：42,025円
（7クラスター中4位）

職業：専門職が多め

キラキャリ3箇条

一、基本の人間関係は広く浅く。情報交換と人脈作りが趣味。

二、能天気で楽観的。何よりも〝流行〟とトレンド重視。

三、得意分野で能力を発揮したい！仕事にも貪欲。

●キラキャリのかばんの中身●

- ビビッドなカラーのブランド長財布
  （今年の新色限定を免税店でゲット！）
- メイクポーチ（口紅やチークなど）
  （ブランドとプチプラをミックスで使う）
- 軽い一眼カメラ
  （カメラ女子もおしゃれでいいし、インスタ映え写真を撮りたい）

- タブレット端末、イヤホン、モバイルバッテリー
  （常にネットで情報収集＆人とつながっている）
- お菓子（飴やチョコなど小さいもの）
  （人に配って会話のきっかけにする）

- おしゃれなヘアミスト
- ブランドの香水
  （人と会う前に自分の香りをまとう）

働く女の腹の底

多様化する生き方・考え方

博報堂キャリジョ研

光文社新書

序章

OLじゃないけど、キャリアウーマンでもない「キャリジョ」という新星

はじめまして。博報堂キャリジョ研です。

私たちは、広告会社・博報堂、博報堂ＤＹメディアパートナーズに所属している女性社員が、働く女性、特に子どものいない女性について研究するために集まった社内プロジェクトです。共働き世帯数が専業主婦世帯数を上回って早20年。女性の就業率も上昇の一途をたどり、女性が働くことは当たり前になってきました。そんな働く女性の中でも研究の対象を「子どもがいない女性」としたのは、時間もお金もキャリアの選択も、自分自身である程度好きなようにできる、自由を持っている女性たちが、どんなふうに考え、過ごしているのか、というところに関心があったからです。

普段、広告を作っている私たちにとって「一言でなんと言うか？」と端的な表現をすることは非常に重要な仕事です。これまで、働く女性を表す言葉は「ＯＬ（オフィス・レディ）」が一般的でした。しかし、ＯＬという言葉には、結婚して退社するまでの「腰掛け」的に仕事をしているというイメージが強く、結婚くらいでは仕事を辞めない女性が多い現在（第１章参照）では、自分自身がそのイメージに当てはまらないと感じる人も多いようです。現に、キャリジョ研が２０１７年２月に実施した調査では「〝ＯＬ〟という言葉は時代に合っていないと思う」と回答した人が68・２％と多数派になっています。

0-1　OLという言葉について、どのようにお感じになりますか。

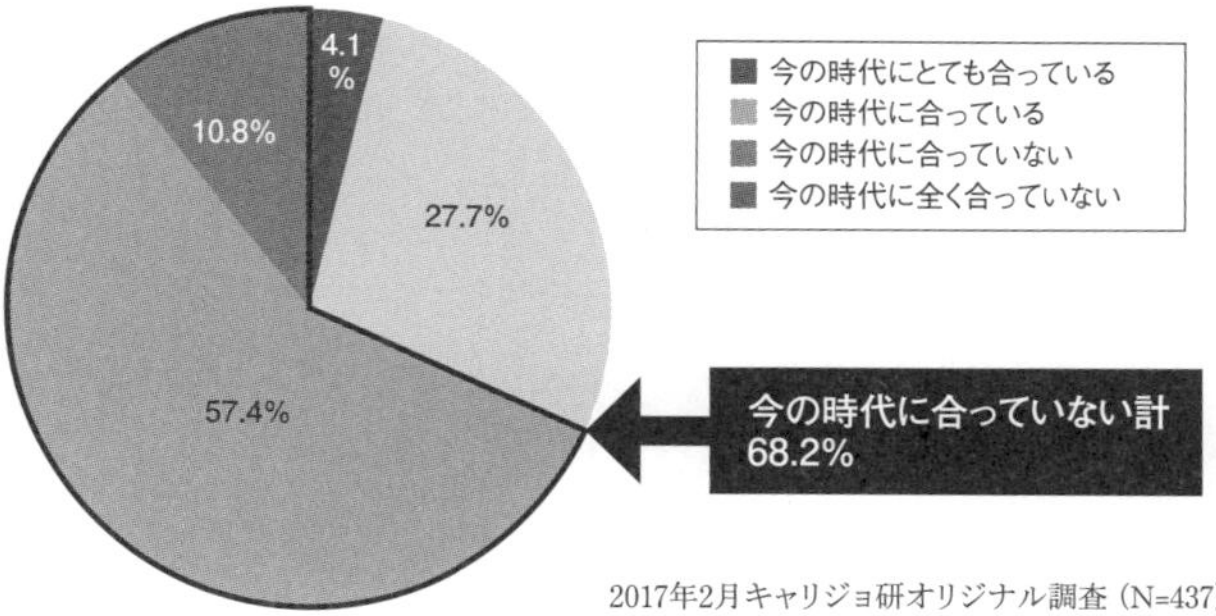

2017年2月キャリジョ研オリジナル調査（N=437）

また、働く女性を表す言葉には他に「キャリアウーマン」もあります。こちらは、男性と同じように評価を得るため、肩肘張って男性並みに、あるいはそれ以上にバリバリ働かなければならなかった時代に登場した言葉。今となってはみんながみんなそこまででもないよ、と感じるでしょうし、「エフォートレス」（がんばりすぎない）な現代の空気感に合わないようにも感じます（ちなみに、私たちは世間から見るとキャリアウーマンっぽいかもしれないですが、少なくとも本人たちはそう思っていません！）。

役目を終えたかのように思える「ＯＬ」「キャリアウーマン」という言葉ではなく、多様化した女性たちの姿をあますところなく捉えた表現はできないか？　と議論を重ねた結果、私たちは、ゆるキャリ（仕事よりも家庭や趣味などのプライベートを優先した働き方）からバリキャリ（仕事での成長や成功を生活の中心とした働き方）までニュートラルに「キャリア（職業）を持つ女性」として「キャリジョ」と名付けました。

男女の平等性が意識される、あるいはすでに当たり前になりつつある現代で、「ジョ（女）」という言葉を使っていることに違和感を覚える方もいらっしゃるかもしれません。ただ、この言葉は敢えて使っています。「男脳」「女脳」と言われるように、男女で思考の特徴や感性が違ったり、「出産」という女性にしか担えないライフイベントもあったりと、完全に男女が同一化することは難しいし、その必要もない。大切なのは、女性が男性化することではなく、男女の違いを相互に理解し、尊重した上で振る舞うことだと私たちは考えています。

ただ、建前では男女の平等が図られているように見える現在においても、日本は相変わらず男性社会が基盤となっているので、女性への理解が薄いがゆえの戸惑いや息苦しさが、あちこちに潜んでいます。また、女性自身も、無自覚的に男性社会の無理解を受け入れ、それに合わせるように振る舞っていることもしばしば。一方で、「セクハラ」「マタハラ」「モラハラ」などが社会的に問題提起されるようになり、2017年にアメリカで火が付いた性的虐待を訴える「#MeToo」ムーブメントが、日本でも起こりました。変わらないこと、変わっていくこと、まさに現代は過渡期といえます。

こうした過渡期に、ジェンダーギャップ（男女格差）への理解を示す男性も増えつつあるとはいえ、女性を理解するのは難しい、という戸惑いの声をよく聞きます。反対に、男性がちっとも理解してくれないという女性の声もよく聞かれます。それもそのはず、デートの際に「なんでもいいよ」と言いつつ、男性からの提案にケチをつけてみたり、男女平等に扱ってほしいと言いつつ、女性としてチヤホヤされたいとも思っていたり、女性同士でもにこやかにマウンティング（人間関係の格付け争い）し合ったり……（笑）。女性とは、隠れた本音や矛盾を持つ、非常に捉えづらい複雑な生き物なんですから！

そこで、「イマドキの働く女性ってこんな感じなんですよ」ということを少しでも伝えられたらと思い、これまでの知見を一冊の本にまとめることにしました。働くことが当たり前になったと言っても、仕事観や働き方は我々キャリジョ研内20名弱ですらも十人十色。もっと世の中を広く見れば「百人百色」なのは当たり前でしょう。キャリジョ研では発足以来、私たちの生息地でもある東京をはじめとする7都市（札幌、仙台、首都圏、名古屋、阪神地区、広島、福岡）で調査を行ってきましたが、世の中広く見るとどうなんだろう？　という疑問の下、今回は全国での定量調査と、深掘りのためのデプスインタビューを行い、改めて様々なタイプのキャリジョたちを見つめ直してみました。

本書は、以下の構成でまとめています。

第1章では、まずキャリジョを語る上で基本となる「仕事」の話と、プライベートにおける最重要トピックの「恋愛・結婚」について、時代の流れを追うとともに、今のキャリジョたちの考え方や行動の特徴、その背景を考察していきます。

第2章では、イマドキのキャリジョに欠かせない存在になっているSNS（ソーシャルネットワーキングサービス）について解説します。SNSと一口に言っても、実名で利用するFacebook（フェイスブック）、140文字で発信するTwitter（ツイッター）、写真がメインのInstagram（インスタグラム）と多種多様。それぞれの使い分け、最新の使い方に加え、今後の使われ方の大胆予測もしてみました！

第3章では、多様化が進むキャリジョたちを7つのタイプに分け、それぞれの特徴を、具体的な妄想ストーリーとともにご紹介します。もちろん、実際は7つに分類できるほど単純ではないのですが、「こういう子、いるよね」というイメージはつかめるのではないかと思います。

第4章は、イラストエッセイスト犬山紙子さんのスペシャルインタビュー。働く女性が長年抱えてきた葛藤や、その問題が生じる原因、モテの変遷、今の時代だからキャリジョが憧れる女性像など、様々な角度でお話しいただきました。

私たちも、キャリジョの底なしの多様性はまだまだ探索しきれていません。もしかすると、探索が終わることは永遠にないのかもしれませんが、職場のキャリジョとうまく付き合いたい方、キャリジョをターゲットとしたお仕事をされている方、単純にキャリジョに興味のある方、そしてキャリジョ自身にも、気づき・学びから暇つぶしまで、多少なりとも意味のあるものになれば幸いです。

キャリジョ生態把握調査
調査概要
■調査目的
仕事観、恋愛・結婚観、人づきあい、趣味、情報収集、SNS 利用、消費、接触情報源、自分の性格など、キャリジョたちの様々な意識や行動を調べる。

【キャリジョの定義】
・有職（パート・アルバイトは除く）
・子どもがいない（未既婚は問わず）
・年収が 200 万円以上
■対象者
20 ～ 34 歳の有職で子どものいない女性
回収数 1,280 名、視点によってウェイトバックをして分析
■調査エリア
全国
（クラスター分析は、札幌地区／仙台地区／東京 30 ㎞圏／名古屋地区／関西地区／広島地区／北部九州地区の７大エリアで実施）
■調査手法
インターネット調査
（調査協力：エム・アール・エス広告調査）
■調査日
2017 年 11 月 24 日～ 12 月 4 日

働く女の腹の底

目次

第1章

キャリジョの仕事と恋愛・結婚

（1）うつろうキャリジョたちの意識【仕事編】

「カジテツ」の消滅

雑誌でよく見かける「読者モデル」。彼女たちのプロフィールを注意してご覧になったことはありますか？　プロフィールには、しばしば年齢とともに職業が記載されています。今では、職業ではなく居住地域など、その人自身を表す「名札」のバリエーションも増えているようですが、いつの間にか「家事手伝い（通称：カジテツ）」を見なくなったね、というのがキャリジョ研内で話題になりました。

「カジテツ」には「花嫁修業中」という意味合いと、仕事をしていない＝「余裕のあるお嬢様」という印象があり、かつては、若い女性に使いやすい職業ラベルだったのでしょうが、現在では「社会に出たことがない」というのは、「世間知らず」というレッテルを貼られてしまうこともあり、マイナスに働くことさえあります。世に出て働くということは、お金を稼ぐ以外にも、人への応対やマナーなど、社会人としての振る舞いを学ぶ機会ともなります。学校教育以外での学びも注目を浴びる現代において、そうした社会性を身につけることは、ますます重要性を増しているのではないでしょうか。

また、バブル崩壊後、男性の失業者も増加。男性の平均年収も、ここ数年回復傾向にあるとはいえ、ピークの1997年から見ると下がっています。こうした状況を踏まえて、男性ばかりに頼ってはいられない！　と女性が思うのは当然。女性の高学歴化も進み、学校卒業後、「家庭に入る」のではなく、就職を選ぶ女性は増えています。

加えて、いつまでも男性に頼れないと現実的になっている女性たちにとっては、専業主婦はリスクが高い生き方でもあります。ある一定の年齢になると、飲み会をすれば数人はバツイチがいるくらい、離婚も珍しくはないこのご時世。専業主婦になるのが一般的だった世代の母親からは、自分の果たせなかった夢を託すがごとく「いつ離婚してもいいように仕事はちゃんと持っておきなさい」という想い（重い？）のこもったご託宣をいただき、自分で好きにお金を使えないことへの不安も出てきます。さらにもし夫が倒れて働けなくなったときに、自分に仕事がなかったら？　などいろいろ考えを巡らせていくと、一人が家計を支えるのはリスキーです。

そんな時勢の変化を受けて近頃は、白馬の王子さまを待つのではなく、ヒロインが愛と勇気と知恵で敵と戦い、困難を乗り越えるドラマや映画も増え、多くの共感を呼んでいます。

1-1　結婚した後、どのように働いていたいか（未婚者ベース）

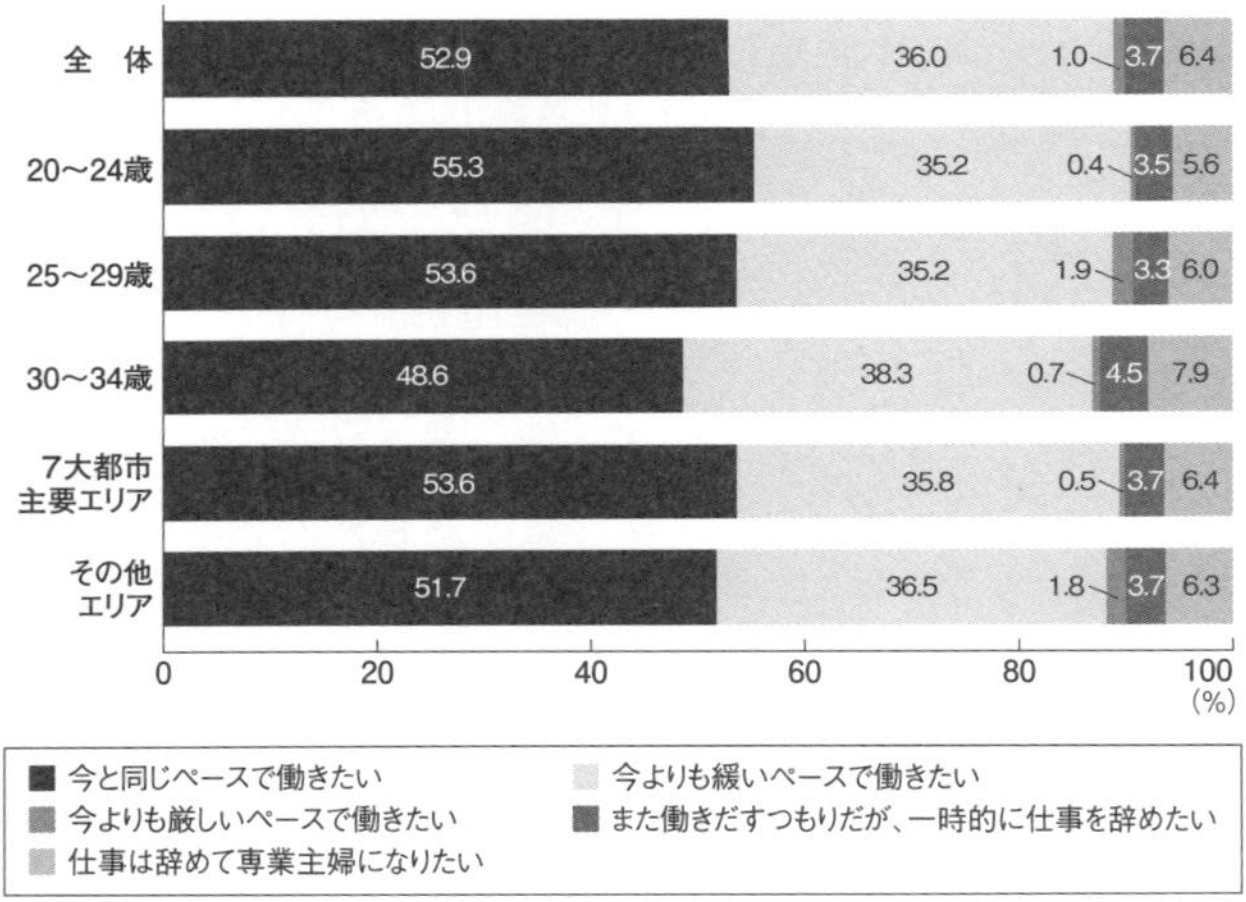

こうした「脱・王子さま」の風潮も女性の「仕事を持とう」という意欲の後押しになっているでしょう。

実際、キャリジョ研の調査では「結婚した後、どのように働いていたいか」という質問に対して、「仕事は辞めて専業主婦になりたい」はなんと全体で6・4%。年代や地域を問わず、全体の1割に満たないのです。「寿退社」という言葉も、今では死語になりつつあるようです。背景には、一度辞めると再就職が難しいという事情もありますが、先の年収問題に関連して、専業主婦を養える男性が減っているのも大きいでしょう。

女性の専業主婦願望については、この後の恋愛・結婚編で詳しく見ていきますが、なり

1-2　仕事をがんばるためにはプライベートが大事だと思う

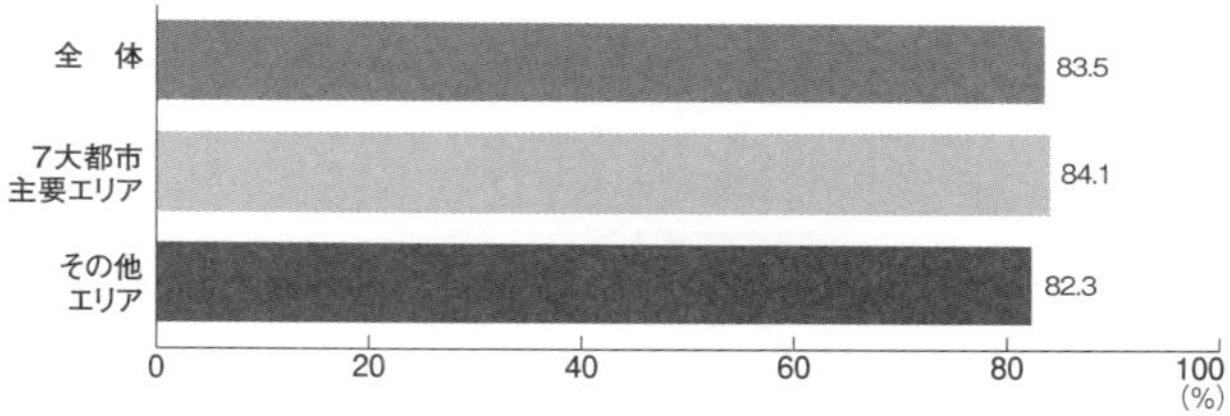

1-3　仕事よりもプライベートを優先したい

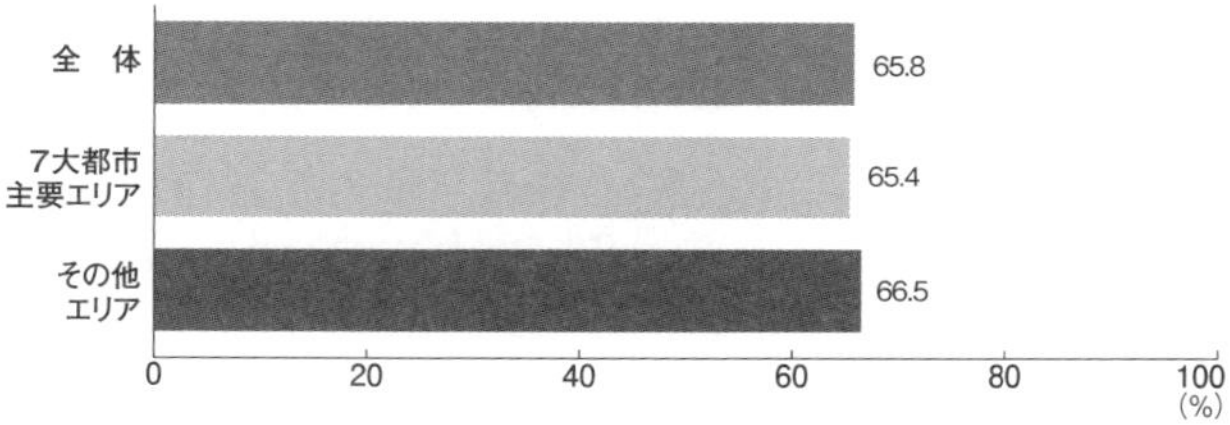

たい気持ちはあっても、現実的には難しい、大げさに言うと「宝くじ当たらないかな〜（当たるといいけど、まぁ当たらないよねえ）」くらい、なりたくてもなれるとは限らない期待薄な存在になっているのです。

時代の流れとともに、自立的に働くことが当たり前になってきたキャリジョたち。ここからは、キャリジョの多様性の話に入る前に、まずはキャリジョの基本の「キ」として、キャリジョ全体としての仕事意識・仕事観について見ていきます。

ケーキカット型とチャーム型のワークライフバランス

仕事関連の意識で最も高かったのは「仕事

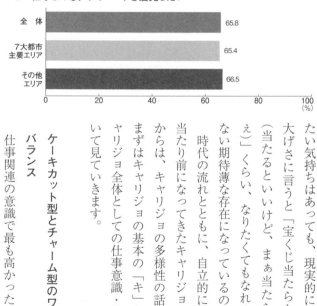

1-4　今後どの程度力を入れたいと思うか

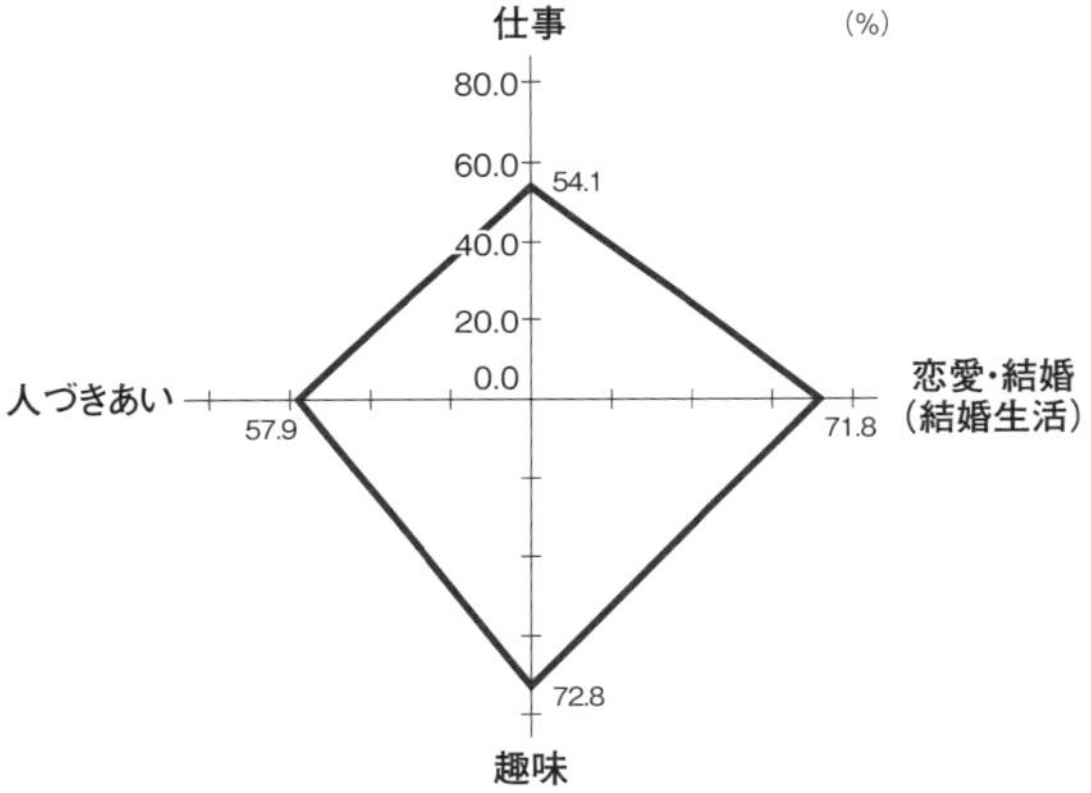

をがんばるためにはプライベートが大事だと思う」の83・5％（全体）。これは都市部でも地方でも8割を超え、堂々多数派の結果となりました。ワークライフバランスという言葉が出てきて久しいですが、当然のことながら仕事一辺倒の生活はイヤなのです。また、「仕事よりもプライベートを優先したい」かどうかを聞いている質問への回答も全体の65・8％がYES！　と半数を超えています。

ちなみに、後にも出てきますが、仕事、恋愛・結婚（結婚生活）、趣味、人づきあいの4領域について「今後どの程度力を入れたいと思うか」を聞いている貪欲度についての質問では仕事が54・1％、恋愛・結婚生活が71・8％、趣味が72・8％、人づきあいが57・9％。キャリジョたちは仕

1-5　仕事意識①

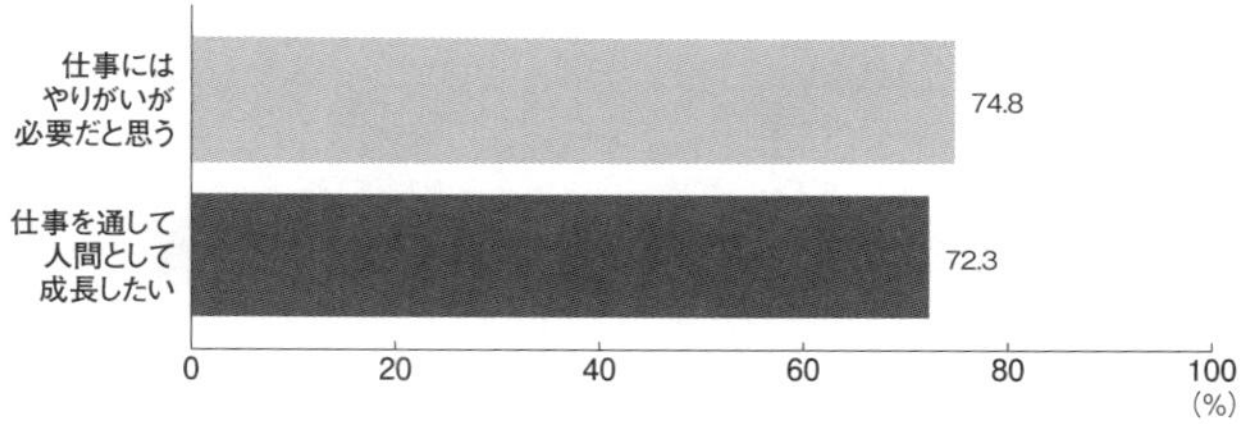

事以上に恋愛や結婚、趣味に力を入れていきたいと思っていることがわかります。

とはいえ、仕事にやる気がないわけではなく、「仕事にはやりがいが必要だと思う」「仕事を通して人間として成長したい」という人も7割を超え、仕事に向き合おうという姿勢が見て取れます。

ただ、ワークライフバランスを実践する中でも、男女で仕事への向き合い方には違いがあるのではないでしょうか。従来、生活のメインミッションとして仕事を捉えていた男性にとっては、プライベートの充実を図るとしても、そのメインミッションを二つ、ないしは三つに切り分ける「ケーキカット型」のバランスのとり方をしている人が多いようです（だから仕事が忙しいと他の取り分はグッと減り、妻や彼女に怒られることに……）。

対して、仕事を元々生活の一要素として捉えている女性にとっては、ブレスレットの「チャーム（飾り）」みたいなもので、仕事、友達、趣味、恋愛など、それぞれのチャームをバランスよくつけて

1-6　ケーキカット型とチャーム型のイメージ

いたいし、個々のチャームもキラキラ輝くように、その中で最善を尽くそうとがんばっているのです。

この捉え方の違いは、職場で「やる気」のありなしのように受け取られがちですが、実は男女の根本的な捉え方の違いと言えるのではないでしょうか。

「あみだくじキャリア」が生む不安

一方で、仕事に前向きとは言え、上には上がりたくないのがキャリジョの本音。「将来、昇進昇級したい／偉くなりたい」は31・4％、「管理職になりたくない」は52・7％と半数を超えます。出世意識の低さについては、男性と比べて、女性の方が自分に自信がない人が多いことが理由としてよく挙げられます。それに加え、女性のキャリアパスは、結婚・出産などのライフコースの変化が絡み、複雑です。

さらには実際に両立できているいわゆる「ロールモデル」も

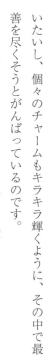

1-7　仕事意識②

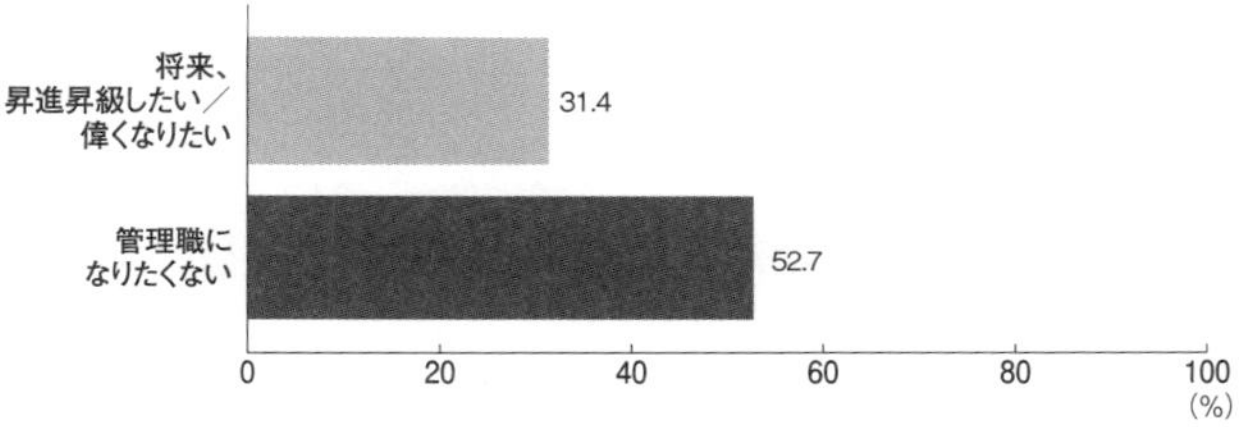

1-8　参考になる生き方をしている人（ロールモデル）が会社にいる

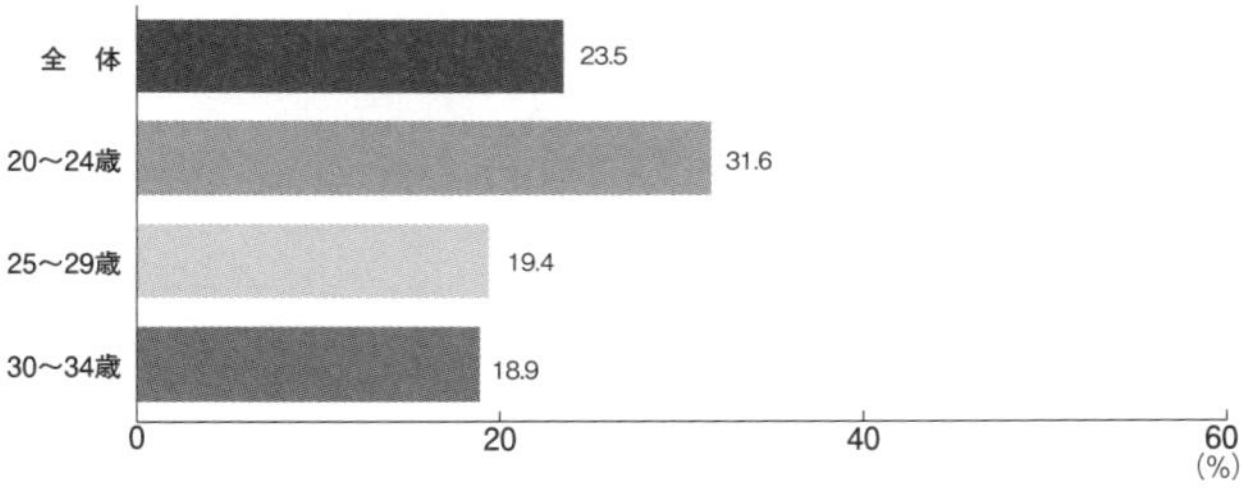

身近に少ないのが現状。調査でも「参考になる生き方をしている人（ロールモデル）が会社にいる」は全体の23・5％と、仕事関連の64項目中ワースト5位に入るほど低いのです。

女性の場合、ゆるキャリからバリキャリまでたくさんのキャリアパスがあって、会社の都合だけでなく、パートナーの都合、親も含めた家庭の都合など、自分の意思では思い通りにならない要素で、途中でどこのキャリアパスに流されるかわからない。まるで「あみだくじ」のような不安感があるように思います。

ただ、ロールモデルの有無について

は、年代別に見ると、25～29歳が19・4％、30～34歳が18・9％と、ともに19％前後なのに対して、20～24歳は31・6％と10ポイント以上高め。今の世の中の変化や、子育てをしながら働く女性たちのがんばりのおかげで、ようやくロールモデルができ始めているのかもしれません。

「したい」と「できる」のジレンマ

パソコンやスマートフォンさえあれば、どこでも仕事ができる時代になり、私たちの仕事への関わり方も大きく変わりました。加えて、ＳＮＳの普及によって、個人でも簡単に発信ができるようになったので、自分の興味分野を自分なりの視点とセンスで伝える仕事が今までにない職業として生まれています。例えば、動画共有サイトYouTube（ユーチューブ）にオリジナル動画を投稿し、多くの人の支持を得ているユーチューバー、Instagram内で、多数のフォロワーを持ち、大きな影響を与えているインスタグラマーや、常に旅をし、自分らしい旅を発信し続けているプロトラベラー。「仕事は生活のため、好きなことは趣味で」と割り切ることなく、「趣味を仕事に」できるチャンスも広がりつつあるのです。

クラレが毎年行っている新小学1年生になる親子への調査『「将来就きたい職業」と「就

かせたい職業」アンケート』は、こうした時代変化を顕著に表しているように思います。2017年、女の子の就きたい職業は1位がケーキ屋・パン屋、2位が芸能人・歌手・モデル、3位が看護師と並びます。ケーキ屋・パン屋は19年連続1位と不動の人気で、看護師は10年ぶりのベスト3入り。ベスト5だけ見ると、10年前の1997年と比べて、順位の入れ替わりが見られるのみで希望の職業は変わっていません。

それに対して、女の子を持つ親の就かせたい職業は、1位看護師、2位公務員、3位薬剤師。過去最高の割合となった看護師とともに、10年前より伸びを見せた薬剤師は、超高齢化社会においても需要が見込まれる医療分野で、資格を求められる職業であることから、食いっぱぐれにくいという安心感が人気なのでしょう。そんな「安心・安定」を求める傾向の中にあって、5位のケーキ屋・パン屋はなんだか異質な存在に見えてきます。子どもの人気が根強いのはわかりますが、親にも人気があるのは一体なぜでしょうか?

実は、さかのぼること2009年。ケーキ屋・パン屋は女の子に就かせたい職業で1位に急上昇して以来、安定的にベスト10に入ってくる定着ぶりを見せています。好きなことをさせてあげたいという、優しい親心でしょうか。実際に、女の子を持つ母親に聞いてみると「親の理想を思い描いても、子どもの人生なので、子どもの将来はきっと思い通りにならな

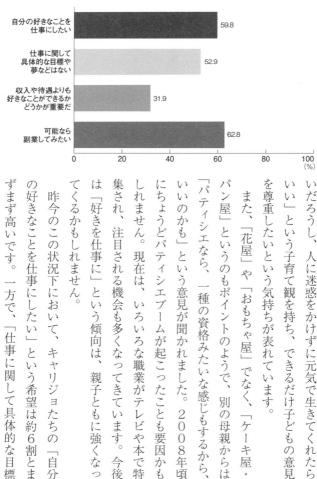

1-9　仕事意識③

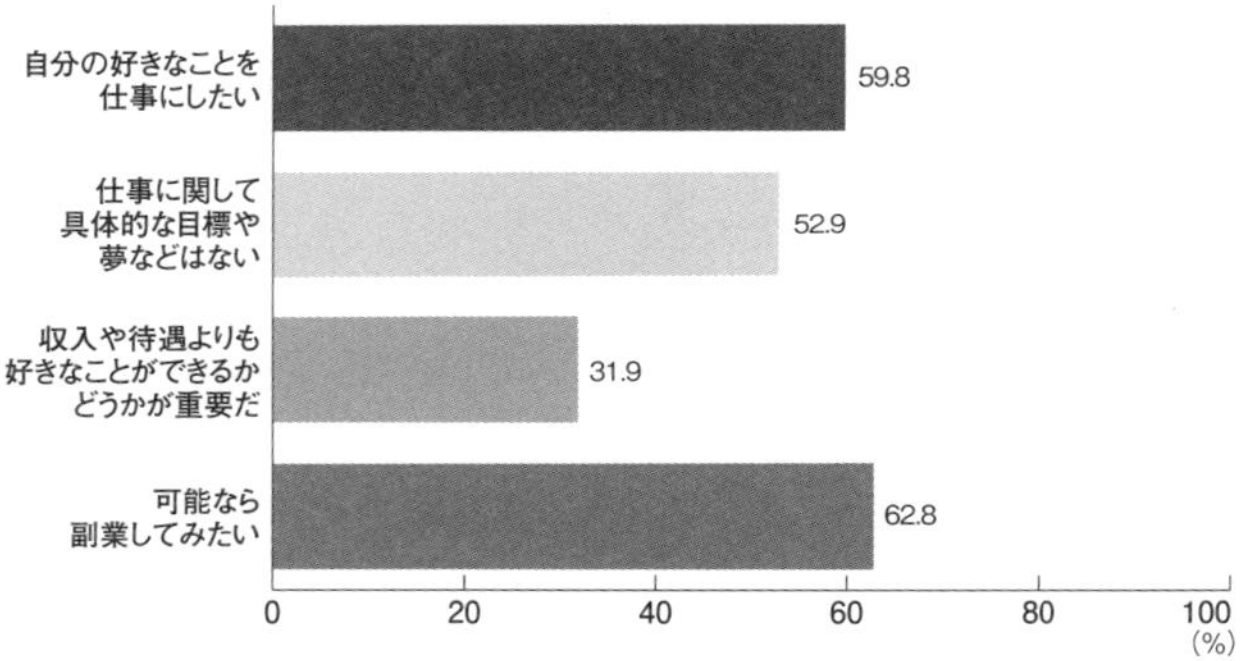

いだろうし、人に迷惑をかけずに元気で生きてくれたらいい」という子育て観を持ち、できるだけ子どもの意見を尊重したいという気持ちが表れています。

また、「花屋」や「おもちゃ屋」でなく、「ケーキ屋・パン屋」というのもポイントのようで、別の母親からは「パティシエなら、一種の資格みたいな感じもするから、いいのかも」という意見が聞かれました。２００８年頃にちょうどパティシエブームが起こったことも要因かもしれません。現在は、いろいろな職業がテレビや本で特集され、注目される機会も多くなってきています。今後は「好きを仕事に」という傾向は、親子ともに強くなってくるかもしれません。

昨今のこの状況下において、キャリジョたちの「自分の好きなことを仕事にしたい」という希望は約６割とまずまず高いです。一方で、「仕事に関して具体的な目標や夢などはない」も52・９％と半数を超えます。なかなか、好きな仕事を見つけること自体も、難しいものと言えるようです。

また、「収入や待遇よりも好きなことができるかどうかが重要だ」は31・９％。生活をしていくお金を稼ぐために仕事をするという意識も根本にあります。好きなことを思い切って仕事にすることは、やはり簡単ではないという現実的な考え方も未だ根強くあるようです。

「ソシャ充」欲求を満たすパラレルキャリア

そんな中、現在は本業を持ちながら第二のキャリアを持つ「パラレルキャリア」の概念が広がりを見せ、副業可能な企業が増えつつあります。そこで、キャリジョたちに副業意欲を聞いてみると「可能なら副業してみたい」は62・８％。地域差は若干あるものの、約６割は興味ありという結果でした。数年前にインタビューしたあるキャリジョも、「週に２～３日ずつ、違う仕事をしてみたい」という話をしてくれました。

彼女が薬剤師という、安定性と専門性の高い仕事に就いていることも一因かもしれませんが、「違う仕事から刺激を受けたい」という欲求がその裏側にはあるようでした。ただ、願望だけでなかなか踏み出せないのが現実。二つも会社に勤めるとなると、一社だけでも疲れるのに……とゲンナリしてしまいそうですね。

しかし現在では、ＣtoＣビジネス（Consumer to Consumer：個人間取引）が活発化し、以前より会社勤め以外の副業のバリエーションが増えています。中でも、ここ数年伸びている、Creema、iichi、minneといった「ハンドメイド市場」は、女性の割合が多く、キャリジョ研でも注目しています。取り扱い商品も多岐にわたり、アクセサリーやぬいぐるみといった手芸品から、食器や家具といった本格的なクラフト品、結婚式に使うウェディング小物やベビー用品まで。そのクオリティもお店で売っているものと変わらないものばかり！　ハンドメイド市場の盛り上がりには、買い手と売り手の思惑がうまくマッチしたことが背景にあります。

買い手側に目を向けてみると、手作りへの期待感の高まりが見受けられます。長らく続いたデフレの中で、一定基準の品質のものが何でも安く手に入る時代になり、そこから兆した大量消費へのアンチテーゼとして手作り・クラフトニーズが高まっていきました。

その一方で、売り手側にとっては、以前は趣味やストレス発散の一つの手段でしかなかったモノづくりが、ＥＣサイトの充実や、売る手続きが簡単になったことで、一つの「作品」として世の中に出ていき、認められやすい場ができたのです。この両者のニーズがうまくマッチしたことが、ハンドメイド市場の飛躍を支えていると考えられます。

そして、特に注目したいのは、売る側のインサイト（消費・購買意欲を促す潜在的な欲求）。もちろん、お金を得るというのはモチベーションの一つですが、その奥には、通常の仕事以外での社会的な自己承認や自己実現を得たいという欲求があり、出品へのさらなるモチベーションとなっているのではないでしょうか。女性の方が、職場や仕事で思うように働けない・評価されないと感じさせられる場面はまだまだ多い中、自分の能力を発揮でき、リア充ならぬソシャ充（ソーシャルな充実）欲求を満たす場として、また、なかなか好きを仕事にできないジレンマを解消する場として、C to C市場が求められていたのかもしれません。

これまでにも、女性の新しい働き方の一つに、資格を取り、自宅でサロンを開く「サロネーゼ」がありました。しかし、サロネーゼはサロンの場所と、講座を開く時間が限られるのが難点。それに対して、インターネット上で行われる新たなC to Cは、場所を問わないこと、そして時間の制約もないことで、会社勤めをしながらでも無理せず行える自由度の高いものになりました。形あるものに限らず、スカイプによるヨガ教室や料理教室といった、教えたい人と学びたい人を結ぶ学びのマッチングなど、今後もキャリジョの能力を活かした働き方は、広がりを見せていくことでしょう。

（2）うつろうキャリジョたちの意識【恋愛・結婚編】

いつかは……と夢見る結婚

現代のキャリジョたちの特徴をつかむ上で欠かせない、もう一つのテーマが恋愛・結婚です。女性のキャリアの在り方が変わる中、恋愛観や結婚観も大きく変化しているのです。

そもそも、現代のキャリジョたちの結婚願望はどのくらい強いのでしょうか。調査で結婚意識について聞いてみたところ、「結婚したい」と答えた人は全体（独身者ベース）の75・2％。８割近くのキャリジョが「結婚したい」と考えていることがわかりました。ただ、「すぐにでも結婚したい」と答えたのは24・６％と大幅にスコアが落ちる結果に。半分以上の人が「いつかは結婚したい（が今すぐではない）」と感じているのです。

では、彼女たちは現在、どのように恋愛を楽しんでいるのでしょうか。

プロジェクト化する恋愛

キャリジョたちの恋愛を語るとき、まず押さえておきたい大きな変化があります。それは、

1-10　結婚したいと思いますか（独身者ベース）

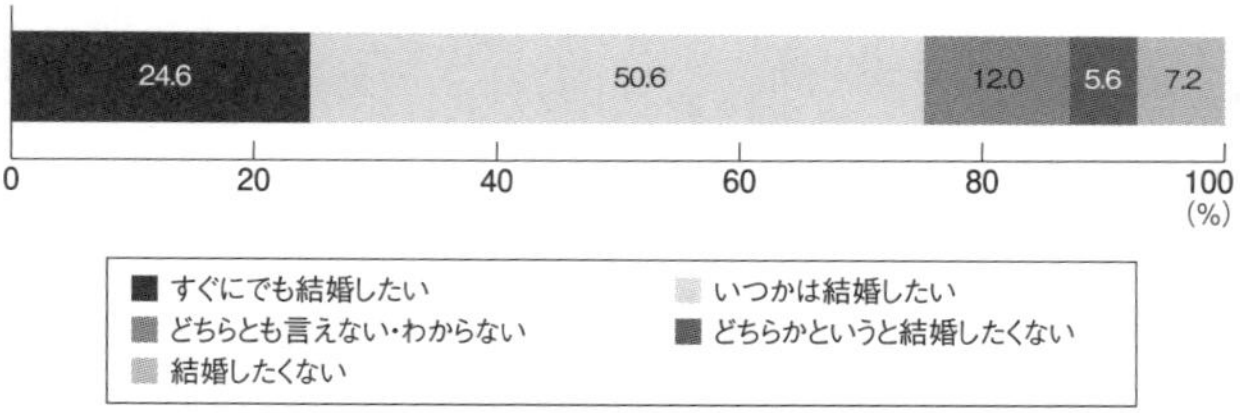

恋愛の進め方（出会い、付き合うまでの過程、元々の目的意識など）が変わってきているということ。それをキャリジョ研では〝恋愛のプロジェクト化〟と呼んでいます。従来、「恋愛」と聞いて思い浮かぶのは、出会った人と惹《ひ》かれ合い、デートを重ね徐々に距離を縮めていき、晴れてお付き合いをすることになればカップル成立、という流れ。その後、一緒に時間を過ごしてみて、結婚という新たなスタート地点に立つカップルもいれば、何らかの事情により別れてしまう人たちもいる……といった感じでしょうか。

その従来型の恋愛フローが、今、変化しつつあります。恋愛をプロジェクトのように戦略的・効率的に進めることで、出会いのプロセスやお互いを知り合う過程に新しい形が生まれたのです。

昨今、キャリジョたちの中では、自分からただ出会いを待つのではなく、様々なツールを駆使して、効率よく自分と合いそうな相手を探す人が増えています。以前は出会いの場というと、会社や趣味仲間などのコミュニティ、また知人の紹介や合コンなどを指すことが多かったでしょう。しかし最近では、ＳＮＳの台頭や様々な婚活アプリの登場により、その様相は大きく変わり始めているのです。

市民権を得つつある「スマホ恋愛」「スマホ婚活」

「まあ、ネットで出会うなんて……」と怪訝《けげん》に思う方もいるかもしれません。しかし今や、キャリジョの約６人に１人が婚活アプリの使用経験者。「スマホ恋愛」「スマホ婚活」はキャリジョたちが認めるれっきとした一つの潮流なのです。中でも実際に行われている、二つの「出会いの効率化」についてご紹介します。

一つは婚活アプリでの出会いです。一口に婚活アプリといっても、その特徴は様々。写真と簡易なプロフィールだけを見てゲーム感覚で相手とマッチングできるTinder のような手軽なものから、職業・年収や趣味など細かいプロフィールを設定し、企業の審査を通った人のみが登録できるOmiai のような、結婚相手探しを前提とした本格的なものまであります。

何時間も拘束され相手がどんな人なのか手探りで会話を進める合コンとは違い、これらのサービスでは、最初から気軽にメッセージを交換し合い、相手のプロフィール情報を収集し、いいと思った人にだけ会ってみる、というプロセスを踏むことになります。この時間短縮化によって、忙しい毎日の中でも、スキマ時間を見つけて効率よく出会いのチャンスを作れるようになったのです。

もう一つの「出会いの効率化」は、知り合う前後における〝情報収集〟の仕方です。具体的には、合コンなどの場に来る人の情報を事前に集めたり、知り合ったばかりの人の情報をすぐに調べたりすることです。「友達を通じて誰かに会うときは、FacebookなどのSNSで一通り調べて魅力的に思ったときだけ紹介してもらう」「飲み会の前に一旦全員のプロフィールをSNSで調べて、出身校や職業、趣味などを把握してから臨む」というツワモノまで。

二つの〝効率化〟の背景にはSNSや婚活アプリの増加と急速な浸透、という外的要因の他に、「どんな出会い方でもいいじゃん！」というキャリジョたちの恋愛観の多様化が挙げられます。一昔前だと「出会い系」というだけで怪しいイメージがあり、事件の温床となることもありましたが、今やSNSはもちろん、婚活アプリの利用も市民権を得つつあります。その証拠に、20代向け・30代向けの女性誌で当たり前のように婚活アプリの特集が組まれるようになりました（とはいえ、トラブルに巻き込まれぬよう、ご利用の際には注意してくださいね！）。

キャリジョたちが結婚相手に求めるもの

良くも悪くも、出会う（もしくは出会った）相手のスペック（身体的特徴や、社会的地位など）や交友関係、ライフスタイルが可視化されてしまう時代。そんな現代において、キャリジョたちはどんなことを結婚相手に求めているのでしょうか。仕事編で、キャリジョたちの専業主婦願望はわずか6・4％というスコアを示しました。「三高」（高学歴、高収入、高身長）という言葉がもてはやされたバブル時代はもはや遠い昔のことです。

「結婚相手・パートナー選びにおいて重視するもの」としてキャリジョが挙げた項目で「年収・貯蓄額の多さ」「職業の安定度」はそれぞれ59・1％、58・5％と高いスコアを示しています。「顔などの容姿」は少し下がって43・5％、「学歴の高さ」は13・8％とかなり低めです。実は、これらのスペックを差し置いて、30項目のうち、ツートップの項目があるのです。それは、「優しさ」（70・8％）と「一緒にいて楽」なこと（69・9％）。そして、トップ2に次いで「自分を大切にしてくれる」ことが62・9％と3位にランクイン。

恋愛や婚活の効率化により、いくら相手のプロフィールを手軽に把握できるようになったからと言って、表面的なスペックでは選べません。やはりパートナーに求めるのはパーソナリティや自分と合うかどうかの直感的なフィーリングだということですね。

1-11　あなたが結婚相手やパートナーを選ぶ上で重視する(した)点として、あてはまるものをすべてお選びください

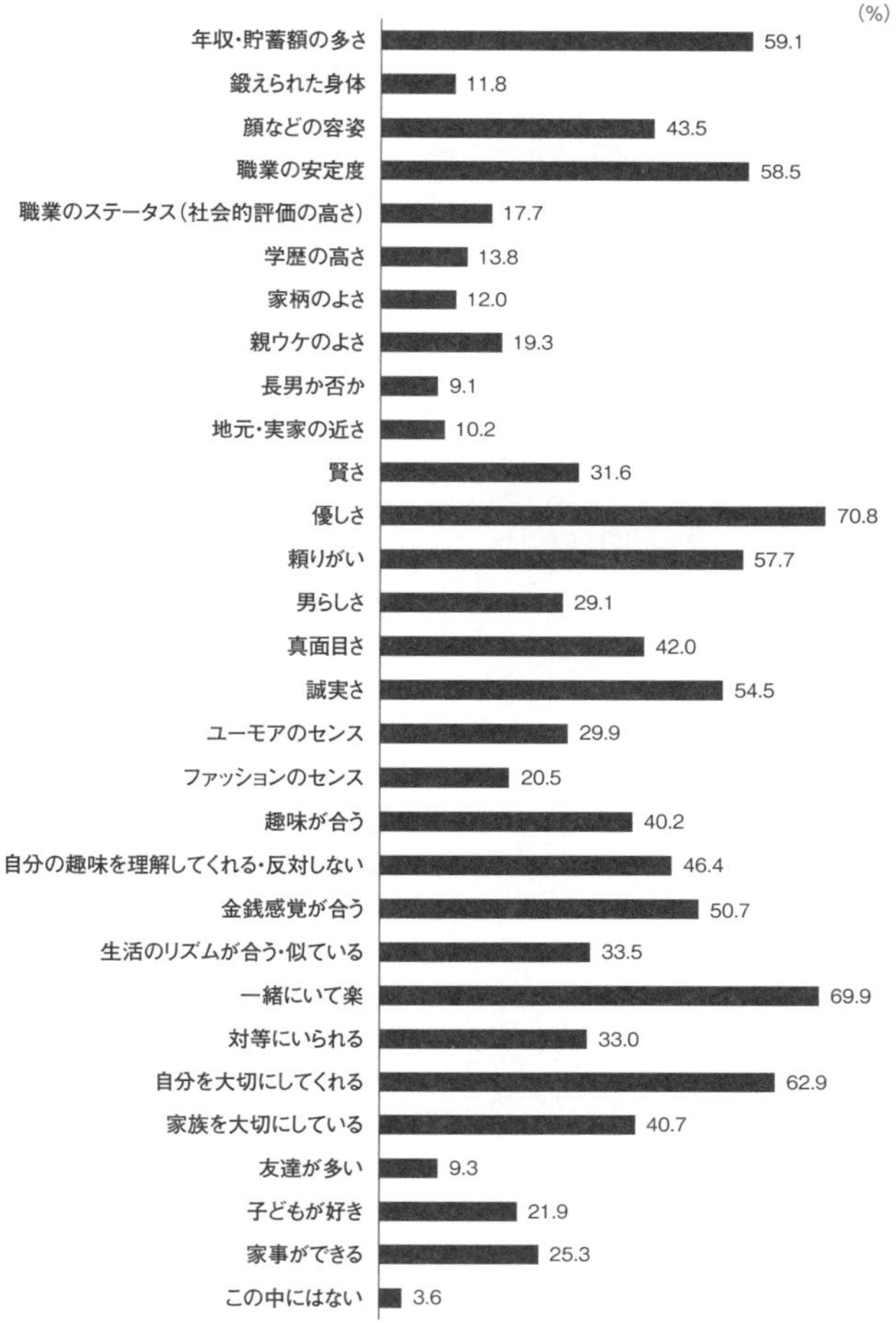

「モテ3・0」の時代へ

さて、恋愛・結婚編の最後では、キャリジョたちの「モテ」についてご紹介します。恋愛や結婚に対する意識・行動が変わる中でモテの形にも変化が起きているようです。

10年ほど前なら「モテ系ＯＬ」といえばあのエビちゃん（蛯原友里さん）に象徴されるような、茶色の巻き髪&ばっちり目力強調メイク&ミニスカートを思い浮かべた方も多いはず。ですが、ここ数年はそんなフェミニンなイメージを目指すキャリジョばかりではなくなってきたのではないでしょうか。そんなモテの新たな潮流として、ファッションや趣味のカジュアル化が挙げられます。

ファッションでいうと、スカートやハイヒールなどの「女性らしさ」を強調するアイテムよりも、スニーカーやデニム、ワイドパンツ、リュックなどの、ややカジュアル・ユニセックスなアイテムが定番に。趣味・嗜好においても同様の変化が見られます。「カープ女子」や「鉄子」「カメラ女子」といった言葉にも見られるように、スポーツ観戦や鉄道、カメラなど、以前なら「男性っぽいかも？」と思われてもおかしくないような趣味が女性の中でも当たり前になりつつあります。

その裏には従来の「女性らしさ」に縛られない価値観が広がってきたことの他に、男性からの共感を得た方がモテそう、という「モテ戦略」があるのではないかと考えられます。2017年2月の調査でも、「男性と同じような趣味を持っているとモテると思う」と答えた人が、20代で約6割にのぼりました。ちなみにこのスコアは、より若い世代において、顕著に見られる傾向があり、30代においては46・0%とガクッと下がります。

そんな中、キャリジョの「モテ3・0」ともいうべき新しい流れが起きています。これは一言でいうと、モテの多様化です。王道のコンサバ系（エビちゃんOL）と、対するカジュアル系の二極では語れないほどに、ファッションやライフスタイルが多様化し、どのような女性が「モテ」るのか、最大公約数を出すことが難しくなっているのが現状です。

20代～30代の女性をターゲットにした女性誌の特集を見ても、以前は「かわいい」「モテ」「愛され」のキーワードが常套句《じょうとうく》として使われていたのに対し、今は「いい女」「かっこいい」「色っぽ」「らくちん」「自然体」「ヘルシー」「シンプル」……など様々なワードが登場するようになりました。それぞれのベースには多少なりとも「かわいい」要素がありながら、「モテそうな女の子」と聞いてみんなが思い浮かべるような典型的な「かわいい」はもはや崩れており、「かわいい」の細分化が起こっていると言えるでしょう。これは、男性ウケを意識した男性志向の「かわいい」から、自分がこうありたいと願う、もしくは心地良いと感じる自分志向の「かわいい」を女性が求めるようになった、と解釈することもできます。ファッションだけではなく趣味・嗜好までも、男性への「媚《こ》び」の要素が薄くなり、「自分のため」に何を選択するか、という面が傾向として強くなってきたように思えます。

もちろん、この傾向は全く新しいモテの形というわけではなく、昔から傍流としては存在していたでしょう。ただ、現代のキャリジョたちにとってモテの〝正解〟というものがなくなりつつあり、様々なスタイル・価値観が日の目を見るようになってきたのは確かです。そして、それらが女性だけでなく男性にも支持されるようになってきました。この流れは、モテを過度に意識せず、自分志向のスタイルを選択できるような〝モテからの解放〟を意味しているのかもしれませんね。

第2章

キャリジョとSNS

（1）キャリジョのSNS使いこなし術【基礎編】

キャリジョの暮らしと切り離せないSNS

カフェでケーキやドリンクが運ばれてくると、まずはスマートフォンを取り出し（見栄えを悪くするおしぼりなどをわざわざテーブルの端に押しやり）写真をパシャリ。そんな女性グループを（最近では男性も増えていますが）見かけることは今日《こんにち》、少なくありません。撮った写真は大事な思い出としていつでも見返せるようにしておく……わけではなく、その多くは自分のSNSアカウントのページに投稿されていきます。もしかすると、そのカフェにも、SNSで他の人のドリンクやケーキの投稿を見たことをきっかけに来店したのかもしれません。調査によると、キャリジョの84・9％は何かしらのSNSを利用していると回答しています。この章では働く女性のSNSの使いこなし方の実態、その行動の背景にあるインサイトについて見ていきたいと思います。

キャリジョの様々なSNSの「利用経験」「投稿経験」の状況を調べていくと、「利用」「投稿」ともに最も高かったのはTwitterで「利用経験」が全体の70・6％、「投稿経験」

が全体の34・1％でした。「利用経験」における次点はFacebookの64・0％、続いてInstagramの55・0％でした。一方で「投稿経験」では、2番目に高かったのは、Instagramの26・6％、続いてFacebookの18・0％でした。Instagramの利用経験のある人の割合がまだ他の二つと比べると低いものの、投稿経験のある人の割合が高く、比較的アクティブに使われていると見受けられます。

このように様々なSNSが乱立する中で、キャリジョたちはしたたかにSNSを使い分けています。キャリジョのうち、Facebook、Twitter、Instagramすべてを利用している人のなんと約半数が「それぞれを使い分けている」と答えています。一口に「SNS」と括《くく》りがちですが、それぞれを、一体どのように使い分けているのでしょうか。

キャリジョとFacebook：みんなに届け、私のプレスリリース！

企業が新商品を出すとき、はたまたオフィスを移転したり、会社の合併や買収をしたりするとき、企業は文章や画像などで概要をまとめたプレスリリースを出します。Facebookに投稿する、ということはキャリジョにとって、自分に関わる重要な情報を載せたプレスリリースを配信することと同じようなことなのだそう。というのも、Facebookは今日では老若

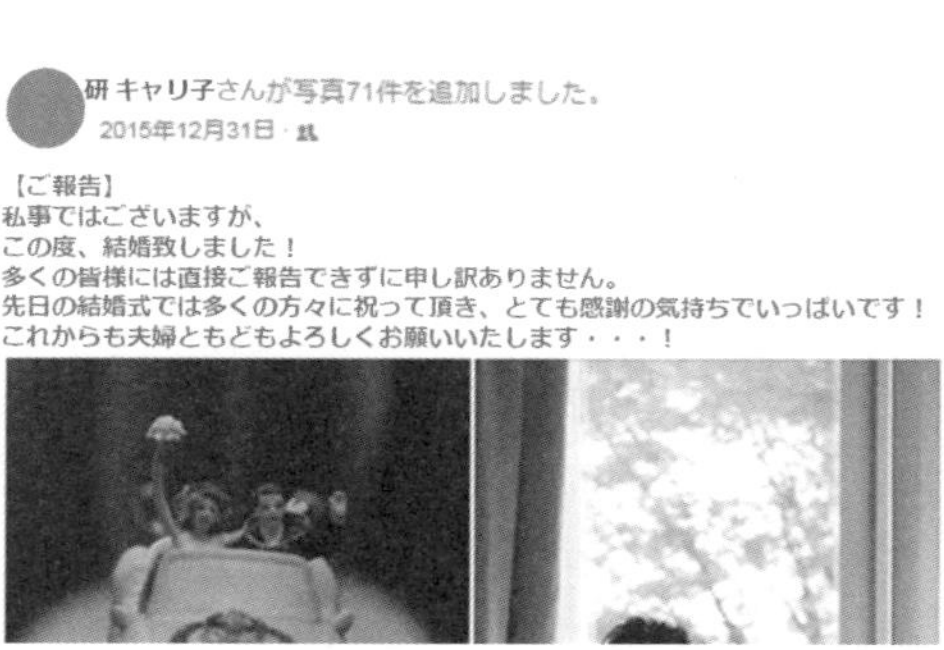
研 キャリ子さんが写真71件を追加しました。
2015年12月31日・
【ご報告】
私事ではございますが、
この度、結婚致しました！
多くの皆様には直接ご報告できずに申し訳ありません。
先日の結婚式では多くの方々に祝って頂き、とても感謝の気持ちでいっぱいです！
これからも夫婦ともどもよろしくお願いいたします・・・！

Facebookの「結婚報告投稿」のイメージ画像。【ご報告】から始まることが多い。この見出しにするとより重要情報が書いてあることが伝わりやすく、多くの人に見てもらいやすい。

男女が利用しているSNSで、公私ともに多くの人とつながるメディアの一つ。そのため、「転職・起業」「結婚」「出産」「引っ越し」「入学・卒業」など、自分の重要なライフイベントについて、広く親戚・友人・知人・同僚に知らせる場として活用されています。原則「実名」で、「一度は直接面識のある人」同士でのつながりが中心となるメディアのため、プライベートのライフイベントについて報告がしやすいというのも特徴です。

キャリジョとTwitter：
本音デトックス&リアル口コミお裾分け

多くの関係者にどう見られるか、という少々の緊張感を持って投稿するFacebookに対して、Twitterは「等身大」「リアルライフ・自然体」のメディアと言えそうです。ハンドルネームで登録できるから匿名で投稿できたり、見られる範囲を限定できたりするので、自分の等身大の意見や姿をのびのび発信できる場所なのです。ちょっとした仕事の愚痴、ちょっぴりダークなひとりごと、Facebookで報告するほどでもない近況、くだらないけどすごく笑えるネット記事のシェアなど、他者にどう見られるかを気にせず、気軽に「本当に発信したいこと」を投稿し、本音をデトックスできるのが特徴です。

そんな「本音」「リアルライフ」を映すSNSであることや、「リツイート機能」（気に入った投稿文を自分のTwitterアカウントで引用できる機能）で情報拡散力が高いことも影響してか、最近では美容・ダイエット・料理・飲料・消費財などのリアルな口コミ情報の収集の場となっています。フォロワーが少ない一般の女子高生の何気ない美容に関する裏ワザ投稿が、リツイート機能によって多くの人に拡散され、裏ワザに使われた商品が大ヒットしたことも。

特に美容に関連する口コミが盛り上がっており、「美容垢」（垢＝アカウントの俗称）と呼ばれるコスメやスキンケア、ダイエットのヒントを、自分なりの視点で投稿しているアカウントが次々と生まれています。中には、フォロワー数の多いマイクロインフルエンサー（口コミなどで他者の行動や買物に影響を与える人物）と呼べる規模のアカウントも誕生しています。「#美金」（金曜日に美容をすること）などの新たなトレンドも生まれました。

ぷる子のスキンケア
@//puru_skin_puru

アラサーニキビ肌さんに声高らか
におすすめしたい。思春期から万
年ニキビ肌だった私が、祖母に教
わってついに2週間でようやく白た
まご肌になれたパーフェクトスキ
ンケア！！！△△で洗顔した後に
化粧水の前に○○を塗る！ひぎ
ぃ！となるくらいぷるぷるになる
よ！#ぷる子のスキンケア

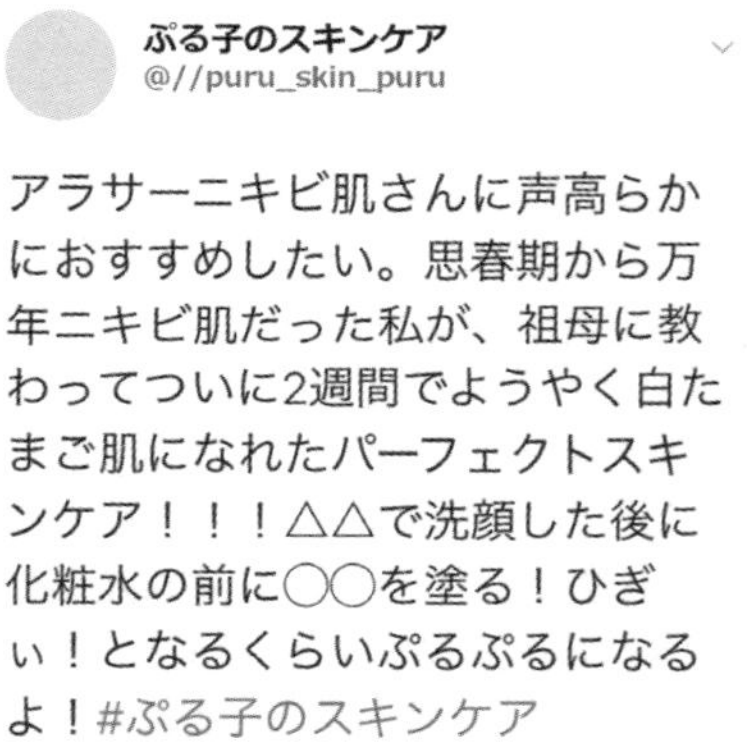

美容垢の投稿イメージ画像。簡単で、マネできる
プチプラコスメ情報が人気になりやすい傾向が見
受けられる。

また、キャリジョにとって身近なテーマで
ある「#保育園落ちた日本死ね」「#MeToo」
「#ワンオペ育児」をはじめとした社会問題
の提起の場としても、Twitterは欠かせない
ツールとなっています。ユーザー数も多く、
ハッシュタグ機能（「#」）をつけたキーワー
ドのことで、投稿文に入れ込むことでそのキ
ーワードでハッシュタグ検索されたときに検
索画面に表示されるようになる）を活用して
投稿したり、検索したり、リツイート機能な
どで投稿の拡散ができるTwitter。今まで身近な場では可視化されなかった（あるいはでき
なかった）日本社会の文化・習慣や様々な社会的状況に対する疑問や不満を、似たような
人々とシェアし、ともに問題提起し、ともに解決に向けて提言できる場としても活用され始
めています。

そして「本音メディア」だからこそ、他のSNSでは閲覧できないような、キャリジョの

等身大リアルライフをのぞくことができるのもTwitterならでは。アラサーの婚活奮闘記、共働き夫婦の子育てでの学び、結婚式までの「プレ花嫁」（挙式前に結婚式に向けて準備をしている女性）への教訓、業界別のバリキャリ女性あるあるなど、自分と似たような働く女性の本音のリアルライフをチラリとのぞき、自分の将来や現在を考える情報収集の場にもなっています。

キャリジョとInstagram：セルフプロデュース&トレンドウォッチ

「2017年ユーキャン新語・流行語大賞」に選ばれた「インスタ映え」で一躍脚光を浴びたメディアInstagram。普段Instagramに投稿をするユーザーの約4割が「Instagramによって自分の生活が変化した」（!!）と答えています。Instagramは一体どのような影響をキャリジョに与えているのでしょうか。

Instagramに画像や動画を投稿するユーザーについて調査をすると、約4割が「自分らしさを意識して投稿する」と回答しています。友人や知人だけでなく、ハッシュタグを通じて自分のアカウントページに来訪した見ず知らずのユーザーに対しても、自分の趣味や日々の行動などの写真投稿を通して「自分がどんな人間なのか」をクリエイティブに表現し、プロデュースする場になっているのです。

Instagramはなぜこのような「セルフプロデュース」の場所になったのか。その秘密は「画像で投稿する」ことにあります。投稿される文章や、その情報の質・量で判断される他のSNSに対して、Instagramの主な投稿内容は「画像」。年々性能が向上するスマートフォンのカメラ機能や、多様化する画像加工アプリの存在によって、誰でも簡単にプロに負けず劣らずクオリティの高い画像を作り、投稿できるようになりました。その結果、まるで芸能人が雑誌で特集されているかのように、自分の日常や好きなものを、画像と少しの文章でおしゃれに演出できるようになったのです。

また、FacebookやTwitterで自慢したり、アピールしたりするとやっかみを買いそうな内容も、写真であればさりげなく表現することができます。「自分がどんなに魅力的な人間か」をステキに嫌みなくアピールできる、そんな「セルフプロデュース」がしやすいメディアとして人気を集めているのではないでしょうか。

またInstagramでは「ハッシュタグ機能」(Twitter同様「#」をつけたキーワードのことで、投稿時の文章・コメント欄に入れ込むと、そのキーワードでハッシュタグ検索されたときに検索画面に表示されるようになる。照れ隠しに自虐的なハッシュタグを敢えて入れて笑いを誘う人も）で、自分のアカウントをフォローしていない人にも自分の投稿を見てもらうことができます。「何を撮るか」「どのように撮影・加工するか」「どんなハッシュタグをつけて人を呼び込むか」のセンス次第で、多くのファンを獲得したり、自らトレンドを生み出したりすることができる、そんなワクワク感のあるメディアでもあります。例えば、斬新な料理アイデアで新たな食トレンドを生み出す「＃デリスタグラマー」や、様々な旅先での生活をおしゃれに発信する「＃プロトラベラー」として人気を博し、インフルエンサーになった人がいます。「自分の大好きなもの」を突き詰めて写真や動画でクリエイティブに紹介することで、新たなビジネスチャンスを生んだり、カルチャーを作り出したりする場所でもあるのです。

このように、様々な人がそれぞれのセンスを遺憾《いかん》なく発揮していることもあり、新たな「情報収集メディア」としても Instagram は活用されています。

例えば、Instagram の「スポット検索機能」。ホテルのオフィシャルサイトの写真はかっこいいけど、実際どうなのか。若者が多い場所なのか、シニアが多い場所なのか。どんな場所で、どんなファッションで、どんな写真を撮っているのか……など現地の実態を調べるために活用されています。

また、ファッションともInstagramは深い関わりがあります。様々なモデル・芸能人がアカウントを持っていたり、「#プチプラファッション」「#ＯＯＴＤ（Outfit Of The Dayの略。その日のファッションを写真で投稿する）」等のように、モデルのみならず一般人のコーディネートまでチェックできるハッシュタグがあったりと、まさに「今現在」おしゃれな人が着ているファッションのトレンドを確認するために利用されています。キャリジョ研の調査の中でもInstagramに投稿するアクティブユーザーの３割は、ファッション雑誌よりもInstagramをファッションの参考にしていると回答しています。

また、「写真映え」も意識してか、美容・ファッション感度が高いユーザーが多いのもInstagramの特徴です。ＥＣでのファッション・スキンケア購入率も高く、特にファッションに関してはフリマアプリの利用率も他のＳＮＳと比べ若干高い傾向にあるのも特徴です。

番外編：フォトジェニックトレンドは大きく分けて２種類？

昨今では「フォトジェニック（写真映えするという英単語）」「インスタ映え」などという言葉も広まり、【Instagram でいかにウケるか？】を起点にした消費行動が生まれています。インスタでウケる、つまり「フォトジェニックなもの」は実は多様化しており、また日々アップデートされています。キャリジョ研の視点から、大きく二つに分類してみました。

アーティスト写真やＰＶのような非日常ポップ／ファンタジーな世界観

赤やピンクなどの極彩色を用いたアイテムや場所が Instagram でよく投稿されています。一般的に「インスタ映え」としてテレビなどのマスメディアで取り上げられるのはこのタイプの「フォトジェニック」です。主に20代前半以下の、若年キャリジョが好むトーンです。（最近では「ミレニアルピンク」をはじめとした、少し彩度の低いパステルカラーもトレンドになりつつあります）。例えば２０１７年に話題となった「ナイトプール」では、ポップな色合いのペガサスやドーナッツ、ピザの形をした「サイズの大きい浮き輪」が人気で、多くの人がこの浮き輪を使って撮影をしていました。またテーマパークや旅先で、グループで全身お揃いのコーディネートをして記念写真を撮っているのもこのタイプです。このトレンドのインサイトはどこにあるのでしょうか。

アイドルグループのアーティスト写真やPV（プロモーションビデオ）風の、カラフル・ポップな世界観は、写真の中の世界を一層「楽しそう」「その瞬間を満喫していそう」に見せる効果があります。ミレニアル世代は「YOLO（You Only Live Once, 人生一度きりだから今の一瞬一瞬を楽しむ）」という価値観を持つ人が多いと言われています。一度きりの20代をめいっぱい満喫したい（満喫しているように見られたい）という意識の表れが、このトレンドににじみ出ているのではないでしょうか。

他の関連Instagramトレンド例：・ペガサスモチーフのアイテム　・カラフルなスイーツ（わたあめ・ソフトクリームなど）　・おしゃれな紙皿や紙コップや食材を使ったおしゃれピクニック「おしゃピク」　・ポップなウォールアート

From Santa Claus

（本当は作り込まれているが）多幸感あふれる「自然体」の世界観

「＃e朝」というハッシュタグとともに投稿される、手作りの和朝食。花束をもらって嬉しそうなくしゃくしゃの笑顔。昼下がりの光があふれる部屋での手作りホームパーティー。早寝早起き、ゆとりのあるライフスタイルと、日々を丁寧に暮らし、周囲に愛し愛され、幸せにあふれた女性であることを感じさせる投稿。このような画像もInstagramで多く見られるトレンドです。

以前は高級車のリムジンやラブホテルの一室を貸し切り、ドレスアップしたり、おしゃれに飾りつけたりして非日常な空間を楽しむ「リムジンパーティー」「ラブホ女子会」もキャリジョ周辺のトレンドにありましたが、最近はパタリと見られなくなりました。「フォトジェニック」の世界では「夜より昼・朝」「蛍光灯・ネオンよりも太陽光」「自撮りより他撮り」のように、パリピ（パーティーピープル）なトーンからヘルシーなトーンへと徐々にシフトしています。それはなぜでしょうか。

この「自然体の世界観」は先ほどの「ポップ・ファンタジーな世界観」と比べ、より20代後半に多く見られる投稿トレンドです。「青春満喫！」の世界から一歩踏み出し、大人の女性としてよりステキに見られたい。そのときに憧れるのは、日々丁寧にセンスのいい暮らしを楽しみ、「幸厚《さちあつ》」そうな（幸が「薄い」の逆で幸が「厚い」、つまり多幸感にあふれた様子）イメージ。セルフプロデュースするのであれば、トーンは、パリピではなく、ヘルシーな世界観へシフトしていくのではないでしょうか。幸せそう、というその雰囲気も「インスタ映え」するものなのです。

他の関連Instagramトレンド例：　・昼間に撮影された写真　・大理石の机や床／大理石シートに置かれた日常使いのブランドコスメ　・旅先の足元　・くしゃくしゃの笑顔の写真　・和の習い事（茶道・華道）　・だしや調味料にこだわった手料理　・花瓶に生けられた生花　・遠くを見ている後ろ姿の写真　・シンプルなファッション

(2) SNSから読み取るキャリジョの本音【応用編】

SNSによって、キャリジョは肉食化!?

前章の恋愛編でも触れた通り、今やSNSと恋愛は切っても切れない関係。SNSは、キャリジョの恋愛意識や行動に大きな影響を与えているようです。大前提として、SNSを活用しているキャリジョの方が恋愛体質な様子。「常に誰かと恋愛をしていたい」という意識は、キャリジョ全体では12・8%ですが、各ユーザーでは13・8%（Twitter）、22・1%（Facebook）、19・2%（Instagram）。また恋人と「いつまでも付き合いたてのようなラブラブな関係でいたい」という意識も、キャリジョ全体では28・1%ですが、32・2%（Twitter）、40・6%（Facebook）、36・6%（Instagram）という結果に。Facebookユーザーを筆頭に、SNSユーザーは全体的に恋愛には積極的な傾向です。

さらに、「好きな男性には自分から積極的にアプローチする方だ」という意識も、キャリジョ全体では20・8%ですが、SNSユーザーでは、24・2%（Twitter）、30・5%（Facebook）、31・1%（Instagram）と全体的に高め。アプローチだけでなく、出会いにも

2-1　恋愛意識

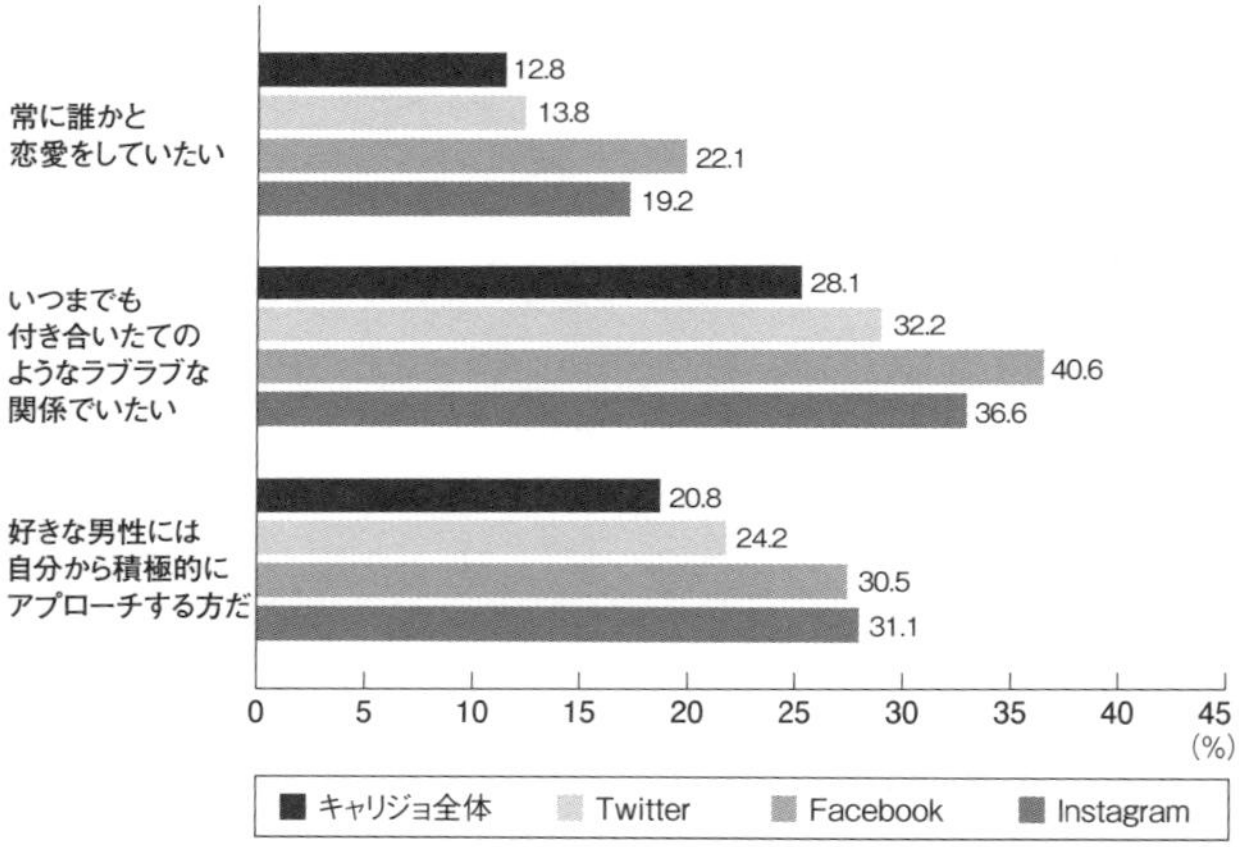

積極的なようで「婚活・出会い系アプリを使ったことがある／使っている」という実態もキャリジョ全体では15・2％に対して、21・7％（Twitter）、23・7％（Facebook）、25・2％（Instagram）といずれのSNSユーザーも2割超。SNSを通じて、見知らぬ人とコミュニケーションを行い、つながるのが当たり前になったことで、婚活／出会い系サービスの抵抗感も払拭《ふっしょく》できるようになったのかもしれません。

　では、利用しているSNSによって、恋愛の傾向には何か違いがあるのでしょうか？　ここからは、〝SNS応用編〟ということで、SNSユーザー別の恋愛体質について見ていきたいと思います。

2-2　Facebookユーザーの恋愛意識

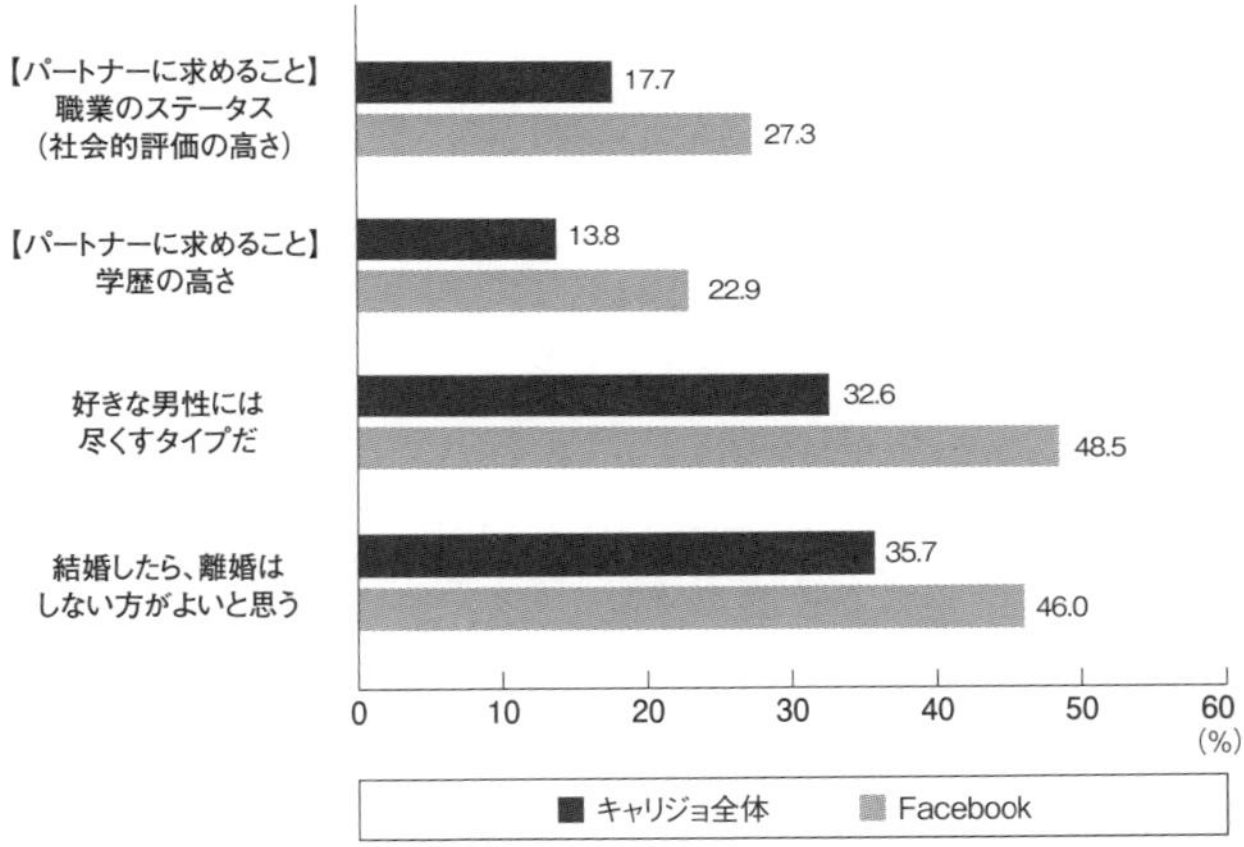

恋愛体質診断：Facebook編
～ネオ昭和女子現る～

まずは、Facebookユーザーの傾向から見ていきましょう。結婚相手・パートナーに「職業のステータス（社会的評価の高さ）」を求める比率は、キャリジョ全体が17・7％であるのに対して、Facebookユーザーは27・3％。また、「学歴の高さ」を求める比率は、キャリジョ全体が13・8％であるのに対して、Facebookユーザーは22・9％であり、他のSNSユーザーとは異なる傾向が見られました。どうやら、Facebookユーザーは「世間体重視」の傾向にあるようです。

このデータを見ていると、昨今では死語になりつつある「三高」再び？　という感じがしますが、それもそのはず。Facebookユーザーの恋愛観は、古き良き「三歩下がってついていく女性」を彷彿《ほうふつ》とさせるものだからです。

例えば、「好きな男性には尽くすタイプだ」という意識はキャリジョ全体が32・6％であるのに対してFacebookユーザーは48・5％と大幅に上回っており、「女性は男性を立てた方がよいと思う」という意識も、キャリジョ全体が24・4％であるのに対して、Facebookユーザーは37・5％と全SNSの中でトップの結果となっています。

離婚が珍しくない世の中になりつつある、と前章では述べましたが、Facebookユーザーではその意識もまだ低いようで、「結婚したら、離婚はしない方がよいと思う」という意識はキャリジョ全体の35・7％という数字に対して、Facebookユーザーは46・0％とここでも10ポイント程度高い結果に。

Facebookが「ライフイベントの報告の場」と少し堅い場所になっても活用しているキャリジョは、しきたりや風習を重んじる「昭和的感覚」を持っているのかもしれません。

恋愛体質診断：Twitter編～恋愛も本音でありのままに～

続いて、Twitterユーザーの恋愛意識を見ていきましょう。Facebookユーザーでは結婚

2-3　Twitterユーザーの恋愛意識

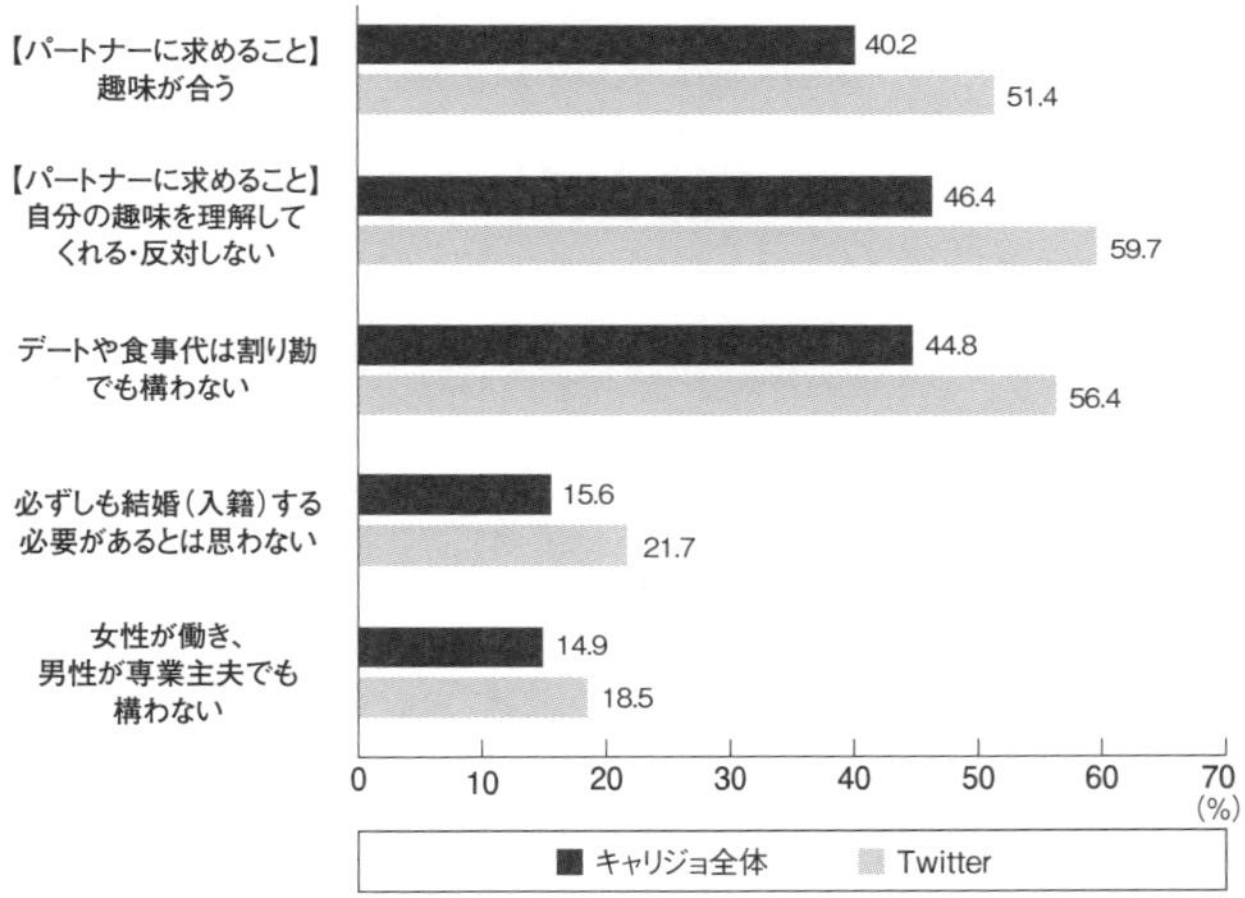

相手・パートナー選びが「世間体重視」の傾向でしたが、Twitterユーザーにはどのような特徴があるのでしょうか？　相手に求めることとしては「趣味が合う」がキャリジョ全体で40・2％であるのに対して、Twitterユーザーは51・4％と高め。また、仮に趣味が合わなくとも、「自分の趣味を理解してくれる・反対しない」のであればＯＫという様子（キャリジョ全体46・4％、Twitterユーザー59・7％）。他にはあまり突出した項目などはなく、とにかく「趣味」の重要度が高いようです。

他にも、「デートや食事代は割り勘でも構わない」という意識が、キャリジョ全体で44・8％ですが、Twitterユーザーは56・4

%と高くなっており、相手とは対等な関係性を求めている様子がうかがえます。「必ずしも結婚（入籍）する必要があるとは思わない」という意識は、キャリジョ全体で15・6%ですが、Twitterユーザーでは21・7%。「女性が働き、男性が専業主夫でも構わない」という意識は、キャリジョ全体では14・9%ですが、Twitterユーザーは18・5%。いずれの項目も、他の恋愛意識に比べると数値は低いですが、形式にこだわらずに、自分の考えを大切にするニュートラルな姿勢がうかがえます。TwitterはSNSの中でも「本音で発信しやすい」だけに、ユーザーにもこのような特徴があるのかもしれません。

恋愛体質診断：Instagram編～セレブ願望高まるインスタグラマー～

Instagramユーザーの恋愛観に迫る前に、一つ面白いデータをご紹介します。Instagramで自ら写真を投稿して利用しているキャリジョは、「いつか身につけたい憧れのブランドがある」という回答が25・7%であり、キャリジョ全体の15・0%と比べて10ポイントも高くなっています。ブランドの公式アカウントだけでなく、国内外のセレブや有名人を通じて、ラグジュアリーブランドに触れる機会が増えたからでしょうか。どうやら、Instagram内ではあまり〝ブランド離れ〟は起こっていないようです。

2-4　Instagramユーザーの恋愛意識

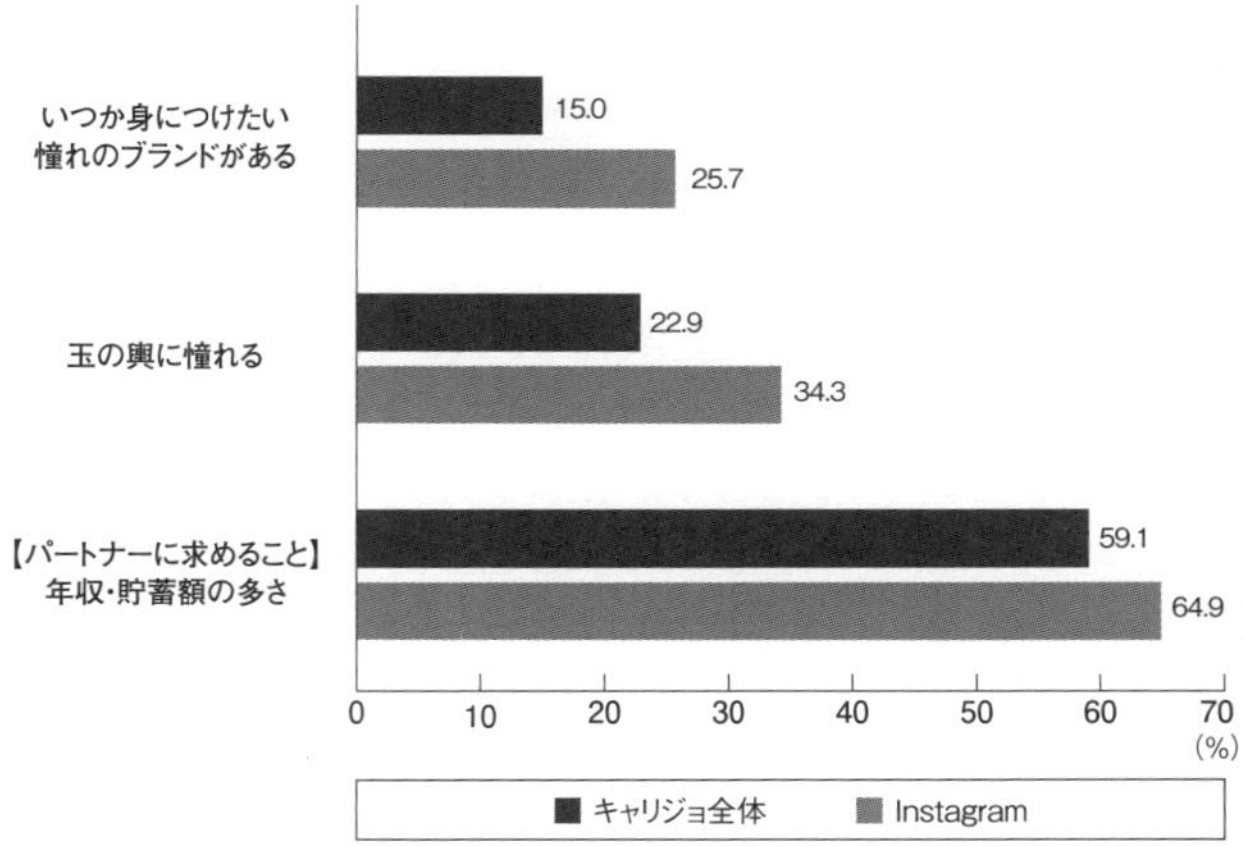

　恋愛・結婚意識にもその影響が表れており、「玉の輿《こし》に憧れる」という意識は、キャリジョ全体で22・9％ですが、Instagramユーザーでは34・3％。結婚相手・パートナーに求めることとして「年収・貯蓄額の多さ」を挙げた人は、キャリジョ全体で59・1％ですが、Instagramユーザーは64・9％という結果になりました。

　ここまでは、「今よりお金持ちになりたい！　セレブな生活がしたい！」という未来に対する〝願望〟ですが、注目したいのは〝今〟の関心事について。キャリジョ全体での関心事は、1位・預貯金（55・9％）、2位・美容（51・4％）、3位・ファッション（50・8％）ですが、これをInstagramユーザーに絞ってみると次のような結果に。1位・ファッション（69・0

2-5　興味関心分野

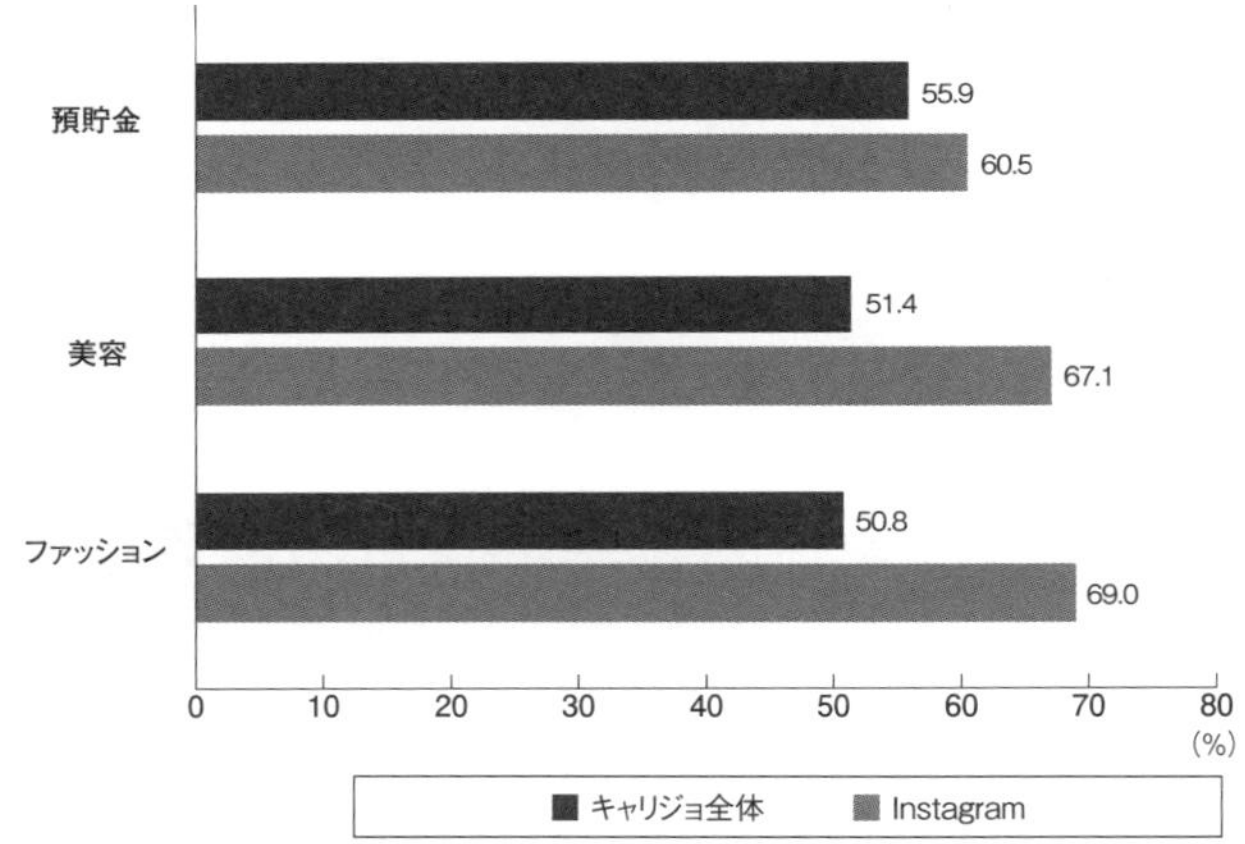

％）、２位・美容（６７・１％）、３位・預貯金（６０・５％）と、預貯金の重要度が下がっています。「インスタ映え」を追求すると、出費がかさんでしまうのはわかりますが、預貯金まで切り崩すことのないように注意したいですね。「インスタ映え」に必死になりすぎる人々は、ネット上では「インスタ蝿」などと揶揄《やゆ》されたりしていますが、「インスタ映え」にこだわりすぎて金食い虫にならないように、自戒を込めて今後気をつけていきたいものです。

バックキャスティング志向で人生を戦略的に生きるキャリジョ

恋愛に対して積極的な意識の背景には、ＳＮＳを通じて未来のライフプランがより具体的に

2-6　人生観

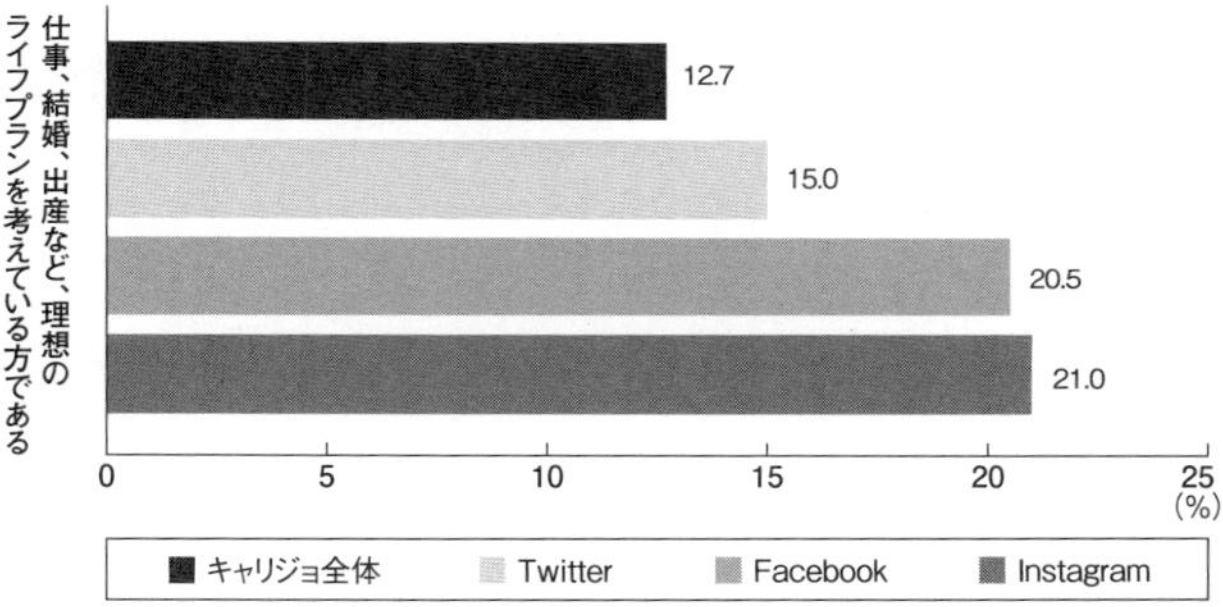

描けるようになったから、ということも挙げられます。Instagramの広がりによって、様々なライフステージ／ライフスタイルの人の生活が可視化されるようになりました。

就職活動中の女子大生は、Instagramを通じて、30代専業主婦の生活、総合職で働く40代ママの生活、ＤＩＮＫｓ（共働きで子どもを作らない、持たない夫婦やそうした生活観）で働く20代一般職の生活……あらゆるパターンのリアルな生活を見た上で、自分のライフプランを考え、就職先を決めるそうです。

このように、未来の具体的な目標から逆算して人生設計を行う〝バックキャスティング志向〟が強いのはキャリジョも同じ。「仕事、結婚、出産など、理想のライフプランを考えている方である」という意識は、キャリジョ全体では12・7％ですが、Twitterユーザー15・0％、Facebookユーザー20・5％、Instagramユーザー21・0％とＳＮＳ

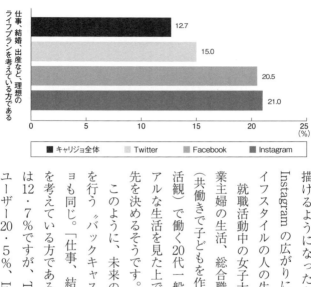

ユーザーでは総じて高くなっています。

今後、Instagram の利用がさらに広がったり、はたまた新しいSNSが台頭したり、キャリジョのSNS環境は刻一刻と変わっていくでしょう。そのような中で、キャリジョはSNSで身につけた、社交性やバックキャスティング志向、肉食な恋愛観といった様々なスキルを駆使して、たくましく生きていくことでしょう。

番外編：最新ＳＮＳトレンド予測
「フォトジェニック」から「ムービージェニック」へ

Instagramの「ストーリー」（Instagramの投稿から24時間限定で表示される動画投稿・視聴機能）のリリースにより、動画撮影・加工を行う人が増えました。さらに、アクションカメラ（デジタルカメラのうち、衣服などに装着して撮影できる小型タイプのもの）やスマートフォン用のスタビライザー（動画撮影時の手ブレを軽減させるツール）など、手軽に高品質な動画撮影ができるガジェットも登場し、様々な動画投稿・加工アプリも徐々に普及してきました。こうして誰でも少し勉強すればかっこいい動画が作れる時代になりつつあります。

今後は、フォトジェニックはもちろんのこと、いかに「ムービー（動画）ジェニック」な動画を撮ることができるか？　が注目されるのではないでしょうか。

信頼できるのは「ロー解像度」な情報

「美容垢」などで投稿される、画像加工アプリで作られた手作り感あふれる画像での口コミレポ投稿や、ヘアアレンジ好きの一般女性が自分のスマホで撮影したヘアアレンジ講座動画など、プロではなく、自分と似たような立場の「素人」による、バイアスのかかっていない率直な口コミや裏ワザ投稿が「信頼できる」として支持されています。今後SNSでの拡散や話題化を狙う場合は、対価を支払い「宣伝してもらう」よりも、いかに影響力のある「素人」に、良さを語ってもらえるか、がポイントになってくるかもしれません。

「広告媒体」としてのインフルエンサー活用ではなく、（そもそも良い製品であることを前提に）商品の特長を理解し、ファンとして商品をアピールしてくれる「アンバサダー」を育てていく活動が必要になってくるのではないでしょうか。

自撮りツールの時代から、他撮りサービスの時代へ

自撮りを便利にするセルカ棒の時代は終わり、遠隔で写真撮影ができるコンパク

トデジタルカメラやアクションカメラを使ったり、同じ「フォトジェニック意識の高い友人」に頼んで撮影をしてもらったりと、「自撮り」よりも「他撮り」写真が主流に。その「他撮り」を友人や機器に頼らなくても、代わりに行ってくれるサービスが今後増えてくるのではないでしょうか。

海外では既に、有料でカメラマンが帯同して他撮りをしてくれるサービスが存在しているそうです！

新興系テキストメディアの台頭

美容垢など、Twitterを基盤に情報発信をしているマイクロインフルエンサーの間で、より彼女らの持つディープな情報を、文字制限なしに自己流に表現するツールとして、ブログに代わって新たなテキストメディアが広がっていくのではないでしょうか（note、cakesなど）。

フォトジェニック化する旗艦店

韓国などを中心に、コスメやファッションなどの女性向け製品の旗艦店・路面店で、売り場とは別に、思わず写真を撮りたくなるようなおしゃれなフォトジェニックスポットを作っているところがあります（そこで写真を撮りたくて韓国へ旅行に行く人も!?）。

写真撮影が一番の目的とはいえ、しっかりとお店にターゲットを呼ぶことができており、さらに写真撮影を通してしっかりブランドの世界観を体験してファンになってもらうこともできる（お金とスペースが必要ですが）、なかなかおトクなプロモーションなのです。韓国で人気のフォトスポットを参考にすると、写真になったときにポージングやアイテムそれぞれの個性が出しやすい「アート」のようなスポットが人気。また、店内のインテリアにマッチしたデザインであることも、ポイントのようです。

第3章
キャリジョたちのリアル
～キャリジョクラスターについて～

キャリジョの本音は人それぞれ

第1章、第2章では、キャリジョ全体の仕事、恋愛・結婚、情報収集の中心であるSNSについて見てきました。キャリジョの定義の一つは「キャリア（職業）を持つ」なのですが、一口に仕事をしていると言っても、働く目的、働く意欲、働き方、仕事に対する期待、職場での本音などは、人それぞれ。

働く女性のタイプを時代の流れに沿って見てみましょう。寿退社が当たり前の「腰掛けOLタイプ」が一般的だったところに、男性に負けじと働く「バリキャリタイプ」が出現。プライベートも犠牲にして働く先輩女性を見て、もっとプライベートを大事にしてゆるく働きたい「ゆるキャリタイプ」が台頭。その後、ライフスタイルプロデューサーやおしゃP（おしゃれプロデューサー）という新たな肩書を持つ「ジョブジェネ（仕事を自ら創るジョブジェネレーター）タイプ」や仕事とプライベートのどちらもバリバリしたい「全充タイプ」も登場し、現在それぞれのタイプがそのまま共存しています。

このように様々なタイプが混ざっているキャリジョについて、少し整理をしてわかりやすくしてみよう、ということで、キャリジョ研ではキャリジョのクラスター分析を行っています。クラスターとは「集団」「群れ」のこと。先ほどの「タイプ」と同じように考えてもら

3-1　働く女性の変遷

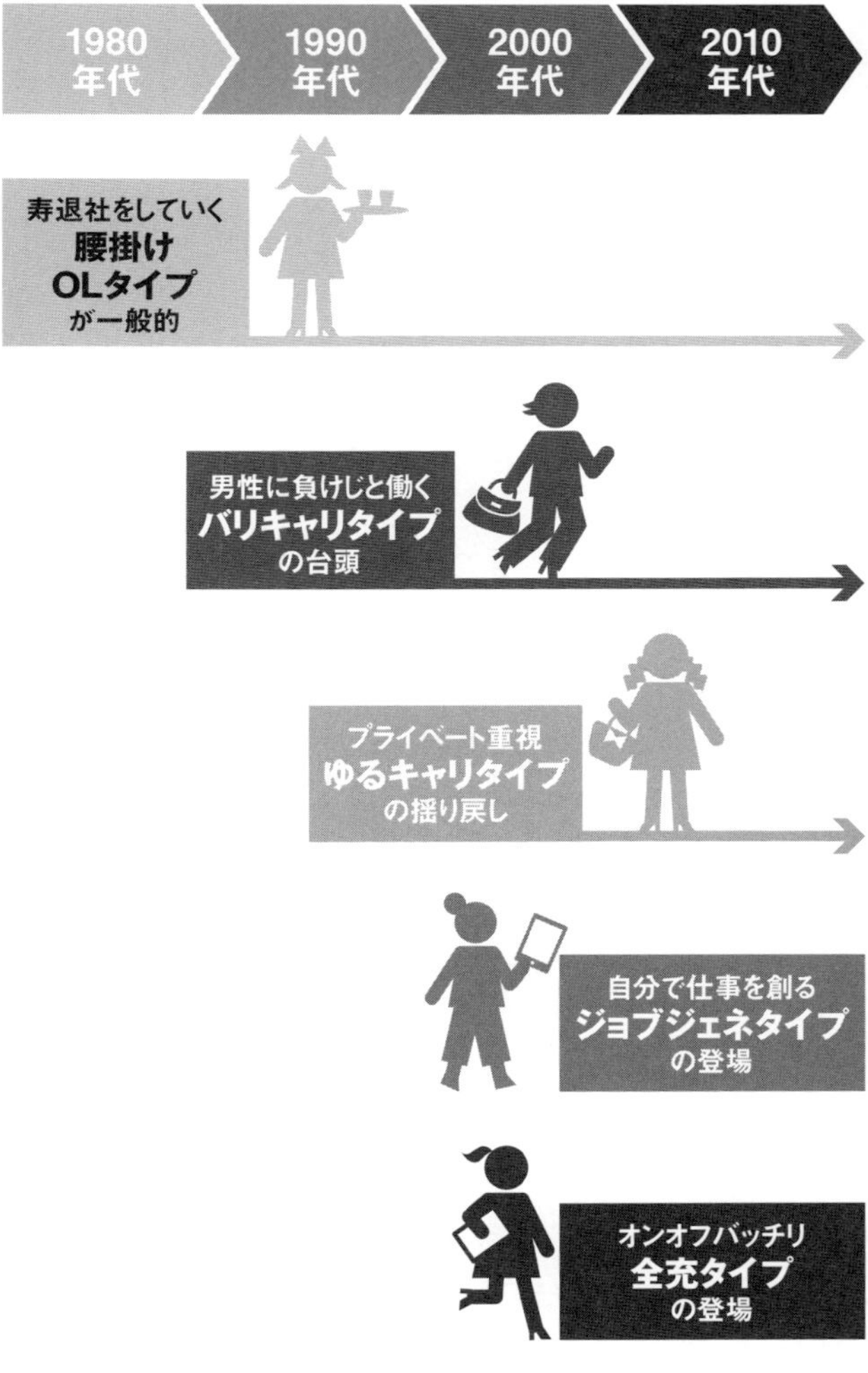
1980
年代
1990
年代
2000
年代
2010
年代
寿退社をしていく
腰掛け
OLタイプ
が一般的
男性に負けじと働く
バリキャリタイプ
の台頭
プライベート重視
ゆるキャリタイプ
の揺り戻し
自分で仕事を創る
ジョブジェネタイプ
の登場
オンオフバッチリ
全充タイプ
の登場

ってかまいません。仕事観に関する51の質問を行った結果、7つのクラスターに分類できました。仕事意識以外にも、恋愛・結婚観、人づきあいへの意識、情報収集意識、SNS利用状況、消費意識、趣味なども聴取。さらに細かく女子会の目的や恋人・パートナーに求める条件、自分の性格についての認識なども含めてみると、それぞれの個性が見えてきます。

ここからは、7つのキャリジョクラスターについて、データからクラスター特徴を解説する「データ編」と、その特徴を、都内在住の一人の女性の日常として具体化した「ストーリー編」とで、クラスターを一つずつご紹介していきます。身近にこんな人、いるいる！ とぴったり当てはまる人もいれば、複数のクラスターの中間のような人もいるでしょう。キャリジョのタイプは実際はもっとたくさんあると思いますので、あくまで主なタイプとして読んでいただければ幸いです。

3-2　調査全項目一覧

＊デモグラフィック属性	居住地（都道府県／エリア）
	未既婚／子ども有無／居住形態
	年収／1ヶ月あたりのおこづかい
	職業／職種／業種
	最終学歴
＊「仕事」について	普段の残業時間（1日あたり）／ 許容できる残業時間（1日あたり）
	ライフプランと仕事【結婚後】／【出産後】
	仕事意識①【クラスター使用】／仕事意識②
＊「メディアや情報」について	メディア接触・評価【普段接しているもの】／ 【興味を持ってよく見ているもの】／ 【買い物をする時に参考にするもの】
	閲読雑誌（雑誌普段接触者が回答）
	SNS利用状況
	利用Webサイト・サービス・アプリ
	情報意識／Instagramに関する意識
＊「買い物やお金の使い方」について	お金の使い道【普段お金をかけている】／ 【今よりお金をかけたい】
	ネット購買状況【日用品・雑貨】／【食料品】／ 【洋服・靴】／【書籍】／【化粧品】
	利用ECサイト・アプリ
	消費意識
＊「恋愛や結婚」について	恋愛ステージ／結婚願望（独身が回答）
	子どもが欲しいかどうか
	結婚相手・パートナーに求めるもの 【重視する／した点】／【特に重視する／した点】
	恋愛・結婚意識
	女子会の目的
	人づきあい意識
＊「興味・関心のあるものや趣味」について	興味のあるもの
	趣味のジャンル／対象
＊「ファッションやスキンケア・メイク」について	ファッション意識
	利用ファッションブランド
	スキンケア・メイク意識
	現使用化粧品ブランド
＊「生活全般」について	生活・人生観
	自己評価
	満足度【仕事】／【恋愛／結婚生活】／【趣味】／ 【人づきあい】／【生活全体】
	貪欲度【仕事】／【恋愛・結婚（結婚生活）】／ 【趣味】／【人づきあい】

27	将来、昇進昇級したい／偉くなりたい
28	仕事が好きである
29	仕事は嫌ではないが、特に好きでもない
30	できることなら働きたくない
31	将来独立したい／独立するために動いている
32	キャリアに役立つセミナーや異業種交流会には積極的に参加したい
33	後輩や部下を育てるのも仕事の一つだと思う
34	仕事のために人脈を広げたい
35	より良い仕事／職場を求めて転職も視野に入れている
36	自分のこだわりよりも周りとうまくやることを重視する
37	チームで相談しながら働くよりも、自分自身の考えや判断で働きたい
38	現在、仕事が生活の中心である
39	仕事が充実しているとプライベートも充実すると思う
40	仕事よりもプライベートを優先したい
41	残業のない仕事が良い
42	いかに早く仕事を終わらせるかを重視している
43	欧米型（定時で残業なし、仕事と休みのメリハリがある）の働き方に憧れる
44	仕事の内容よりも職場の人間関係を重視する
45	異動や転職など、働く環境が変わることは避けたい
46	働き場所や時間を、自分で自由に決められる仕事がいい
47	自由な服装で働ける仕事や職場がいい
48	職場では仕事をするだけでなく、恋愛や結婚につながる出会いも期待している
49	勤め先の規模や知名度が気になる
50	成功報酬型の給与体系は良いと思う
51	仕事帰りや休日など仕事以外でも職場の人と積極的に付き合っている

3-3　クラスター分類に使用している仕事意識51項目

1	仕事を通して人間として成長したい
2	仕事で達成感を味わいたい
3	仕事で人に負けたくない
4	仕事で周りに評価されたい／褒められたい
5	自分が満足できれば評価は気にしない
6	仕事にはやりがいが必要だと思う
7	人に感謝されることが仕事の喜びだ
8	仕事で期待されると、やる気がでる
9	仕事を辞めると社会とのつながりがなくなってしまうと思う
10	好きなことに自由に使えるお金を稼ぐために働いている
11	夢のための資金を貯めるために働いている
12	仕事はお金を得るための手段に過ぎない
13	自分の好きなことを仕事にしたい
14	収入や待遇よりも好きなことができるかどうかが重要だ
15	他人から憧れを持たれる仕事がしたい
16	おしゃれな仕事・おしゃれに感じられる仕事がしたい
17	毎日決まったことをする仕事はしたくない
18	自分の得意分野の能力が発揮できる仕事がしたい
19	社会に貢献できる仕事がしたい
20	自分のやれる範囲のちょうどいい仕事がいい
21	仕事で自分の能力以上のことを求められるのは嫌だ
22	仕事でいろいろな人と関わりたい
23	グローバルに活躍できる仕事がしたい
24	できれば楽な仕事がしたい
25	将来、仕事でこうなっていたいという理想像や目標がある
26	専門性を高めてスペシャリストやエキスパートになりたい

キャリジョクラスター・ファイル1
生活全部に全力投球【モーキャリ】

最初のキャリジョクラスターは、仕事意欲も趣味も、恋愛も、人づきあいも、すべてに意欲的な女性たち。モーレツキャリアの【モーキャリ】と名付けました。

まず、「満足度」をご覧いただくとわかる通り、ほぼすべての項目でキャリジョ平均よりも高く、現状に満足しています。さらに、今後もっと力を入れていきたい度合を表す「貪欲度」では、全部が平均よりも圧倒的に高いのです。つまり、全方位型。

モーキャリがどんな女性なのかをさらに知るために、他の調査データも見ていきましょう。象徴的な回答「仕事でもプライベートでもやりたいことが多くて時間が足りない」が平均より2倍と高め。「1日30時間あったらいいのに〜」と思っているようなタイプかもしれませんね。

自分の性格については、「サバサバしている方だと思う」と半数以上が回答。さっぱりとした性格ということもわかります。仕事もバリバリこなすアネゴっぽいイメージでしょうか。

もちろん、仕事にも意欲的で「仕事を通して人間として成長したい」そうです。元々、「努力をすれば結果はついてくると思う」というように努力を惜しまない、がんばり屋さんなのも影響しているのでしょう。また、「後輩や部下を育てるのも仕事の一つだと思う」は9割超え。後輩思いの一面もあります。

続いて、恋愛・結婚意識を見ていくと、「『30歳まで』など具体的な期限を決めて婚活や妊活をしている」も平均よりは高めで、「好きな男性には自分から積極的にアプローチする方だ」も2人に1人という結果。目標に向けて、積極的に行動できるしっかり者が多い傾向。「結婚式や住居など、自分なりのオリジナリティを出したい」という意識も高めなので、自分のセンスを大事にしている人柄もうかがえます。

プライベートでは「丁寧な生活を送りたい」も高く、忙しく過ごしていても、生活をおろそかにしたくない！　という意思が表れているようです。最後に、平均よりちょっと高めの「自分の親と近居をして、今後もいろいろ助けてほしい」という回答。やることがいっぱいで自分だけでは足りないところは、自分の親も頼りにしているようですね。どこまでもしっかり、ちゃっかりしているモーキャリなのでした。

生活全部に全力投球
モーレツキャリアの
モーキャリ
（11.5%）

年齢：27.0歳
（やや20代前半が多め）

年収：346.0万円
（7クラスター中4位）

おこづかい：50,394円
（7クラスター中2位）

職業：営業・企画職が多め

モーキャリ3箇条

一、生活360度ノンストップ邁進！
恋愛も積極的、人生計画は完璧。

二、交遊関係は広く、誰とでも友達に。
コネクションづくりに余念なし。

三、あらゆる源から、情報を吸収！
リアルもデジタルもフル活用。

人生のおしりから
スケジュールひくと
そろそろ結婚しなきゃ

●モーキャリのかばんの中身●

- ブランドの長財布&名刺入れ
（小物はきちんとブランドで！）
- ハンカチ・ティッシュ
- 歯ブラシセット・ミンティア
（人と会う仕事なのでエチケットもバッチリ）
- メイクポーチ／香りのよいハンドクリーム
（忙しい中でも女性らしい気持ちになれる）
- モデルさんが書いたハワイ本
（スキマ時間でプライベートの予定も計画）
- コンパクトに折りたためるペタンコシューズ
- 予備のピアス
（いざというときの備えも抜かりなく）

HAWAII

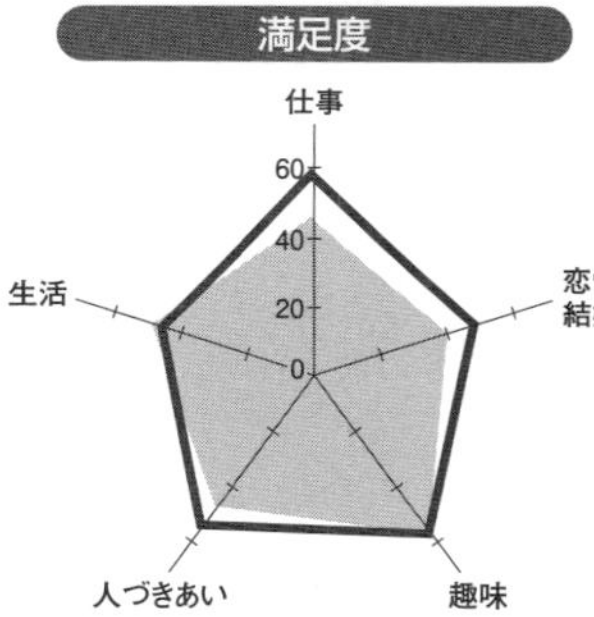
満足度
仕事
60
40
20
0
恋愛
結婚
生活
人づきあい
趣味

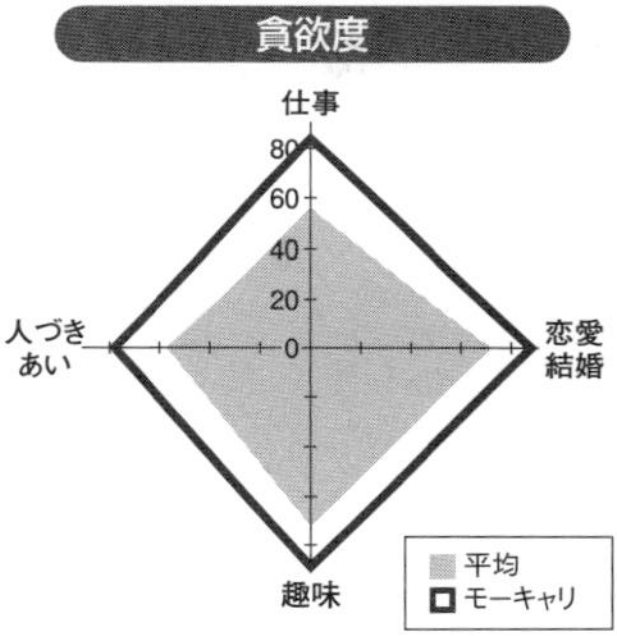
貪欲度
仕事
80
60
40
20
0
人づき
あい
恋愛
結婚
趣味
平均
モーキャリ

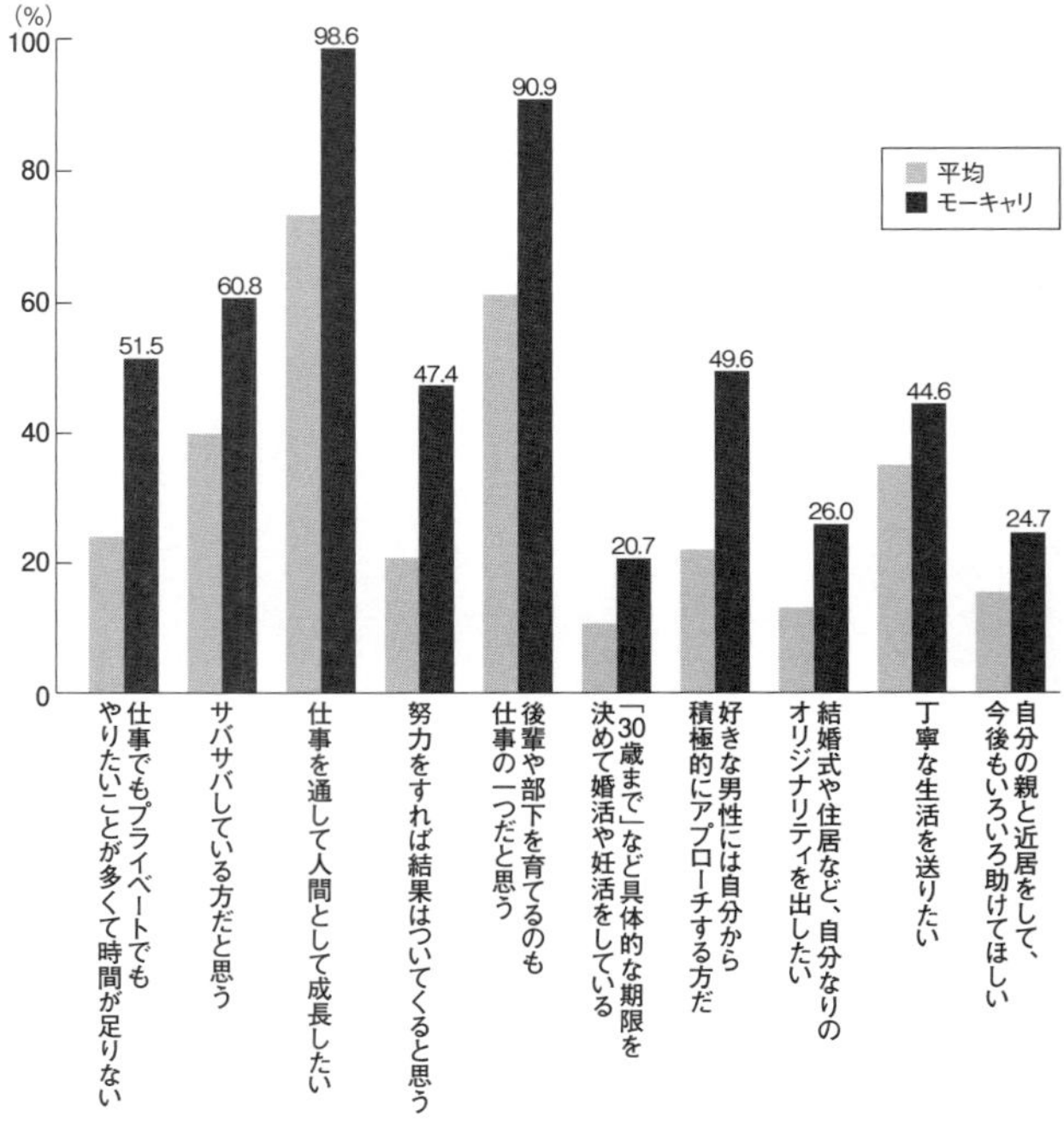
(%)
100
80
60
40
20
0
51.5
60.8
98.6
47.4
90.9
20.7
49.6
26.0
44.6
24.7
平均
モーキャリ
仕事でもプライベートでもやりたいことが多くて時間が足りない
サバサバしている方だと思う
仕事を通して人間として成長したい
努力をすれば結果はついてくると思う
後輩や部下を育てるのも仕事の一つだと思う
「30歳まで」など具体的な期限を決めて婚活や妊活をしている
好きな男性には自分から積極的にアプローチする方だ
結婚式や住居など、自分なりのオリジナリティを出したい
丁寧な生活を送りたい
自分の親と近居をして、今後もいろいろ助けてほしい

モーキャリ北川舞子の日常　～理想のライフプランの作り方～

28歳、広告代理店勤務。営業職。
目黒区女子。未婚。同棲中の彼氏あり。

朝6時50分、スマホのアラームとともに、私はキリリと起床する。昨日の夜はクライアントとの会食で遅かったけれど、朝には持ち越さない。昨日は昨日、今日は今日。自称サバサバした割り切りのいい女でいたいのだ。

ベッドの中で、Instagramをざっとチェックしていざ起床。

早めに起きた朝はちゃんと朝食を作るようにしている。昔は**#グリーンスムージー**を朝食にしていたときもあったけど（小松菜はすぐ傷むから、スムージー生活は全然続かなかった）、今は**#バルミューダのトースター**でパンを焼いて卵やサラダを添えるか、後は和食が多いかな。顆粒タイプですぐ溶ける**#あごだし**で作ったみそ汁、ごはん、焼いた鮭。ダイニングには、彼と選んだ古材風の木目のテーブル。そこにシンプルな藍色のランチョンマットを敷き、**#器**に料理を盛って、食卓に並べる。そして今日の気分で選んだ水色の箸置きと箸を添える。これが、私の自己満の朝なのだ。幸せを実感する朝なのだ。目指すは**#ていねいな生活**なのだ。

以前は**#パリピ**というものがちょっと気になったときもあったけど、今は違う。ちゃんと

① #グリーンスムージー：緑の野菜と果物をミキサーにかけてとろとろにさせたジュース状のもの。女子が好きな「おしゃれな青汁」。小松菜は苦みが少なくてスムージーに向いた定番の材料。
② #バルミューダのトースター：大ヒット家電の一つで、おしゃれで高機能なトースター。水を入れて焼くのが特徴でパンの表面はかりっと中はもちもちに。欧米ブランドではなく立派な日本製。
③ #あごだし：主婦だけがだしを使っているのではなく、最近は20代女子もだしを使うのがおしゃれなブーム。特に「茅乃舎」のものは人気。
④ #器：だし同様に、主婦だけではなく、20代女性たちにも人気の趣味。九州の「波佐見焼」も若者向けにリブランディングして成功した事例の一つ。「有田焼」や「益子焼」などの陶器市も若者が年々増えている。
⑤ #ていねいな生活：早寝早起きをして、家の中が片付いていて、ちゃんと手作りのごはんの食生活。生活のひとつひとつのことを丁寧に行っていること。それが憧れであり、おしゃれだったりする。
⑥ #パリピ：パーティーピープルの略。夜のクラブで遊んだり（ママとお姉さんがいる銀座のクラブではなく、音楽がかかって踊っている方のクラブ）、超高級マンションのラウンジでパーティーをしたりするような生活が似合う人々のこと。いつも夜遊びをしているイメージ。

早起きしてちゃんと朝食を作っている方がむしろおしゃれだ。こうした生活をちゃんとして、基盤のある女性に、私はなりたい。健康的で、快適で、ちゃんとした#サステナブルな生き方。ん……今っぽい。

同棲を始めて半年。私もだいぶ人と暮らすことに慣れてきた。

ちょっと前までは、私にとって人生最高のバブル時代だった。独身バリキャリを大いに謳歌していた。実家暮らしでお金もちょっと自由になったから、夜は残業したり、飲みに行ったり、合コンしたり。終電で帰るのはザラだった。三連休があればすぐ海外旅行に。ちょっとした移動でタクシーに乗り、ちょっとした空腹で焼肉を食べに行く。ちょっとした時短のために#まつ毛エクステに毎月1万円をかけ、ちょっとした気分転換のために#ネイルに毎月1万円をかける。我ながら、ほんとに金がかかる女だ。

私は東京生まれ、東京育ち。2人姉妹の姉で、幼い頃からしっかり者だったと思う。中学受験では挫折も経験したが、どうにか滑り止めの学校に入り、中学高校は女子校でテニスに明け暮れた。そして、大学受験を意地でがんばって、念願の難関私大の経済学部へ。テニスサークルで一生付き合える女友達や仲間ができた。大学1年のときに語学のクラスが一緒の真面目な男子と1年付き合い、その後、サークルのOBの商社マンと付き合い、IT系や起業家の先輩の知り合いも増えた。大学3年から知り合いに紹介された#ベンチャーで#インターン。そこでWEBライターを担当し、自分でなにかを作ったり発信したりすることの楽しさを覚えた。就職活動は順調で、気の強さと人懐っこさを前面に出して面接に臨んだら、第一志望だった会社の内定をもらうことができた。我ながら、努力でどうにかなった女だ。

今の仕事は、広告会社の営業職で、化粧品ブランドを担当している。化粧品といえば華や

⑦ #サステナブル：sustainable. 持続可能であること。通常は、地球環境について使うことが多い。夜遊びばかりの日々は何十年も続けられないが、健康的な生活はおばあちゃんになっても続けたい、持続可能な生活である。
⑧ #まつ毛エクステ：まつ毛のエクステンションの略。まつ毛エクステのサロンでは、地まつ毛に、人工の毛を足すという施術をしてもらう。化粧をしていなくてもアイメイクをしたように目力（めぢから）がアップする。毎朝マスカラを塗らなくて済むので、忙しいキャリジョにとっては時短のための出費なのだ。
⑨ #ネイル：マニキュアは自宅でもできるが、ジェルネイルといわれるものは、ネイルサロンでやってもらうのが一般的。「会社でふと指先を見ると、ネイルがきれいで気分が上がる」という証言は多い。キャリジョの自己満足のための出費なのだ。
⑩ #ベンチャー：ベンチャー企業、ベンチャービジネスの略。英語ではスタートアップという。例えばIT業界で起業した新進気鋭の企業のこと。
⑪ #インターン：職の経験を積むために、企業や組織において労働に従事している期間のこと。主に、大学生の「職業体験」のことを指す。インターンで行った企業にそのまま就職する例もある。

かなイメージだったが、深夜まで企画書を作ったり、土日もイベントに立ち会ったりと、なかなかの肉体労働ではある。でも、コスメのトレンドを集めたり、女性のインサイトを考えたり、若手が集まるチームで打ち合わせを繰り返したりしながら、一つひとつの仕事を乗り越える達成感は格別だ。その後のお酒もうまい。

仕事の悩みといえば、後輩の育成だ。気持ちではそんなに変わらないつもりだが、明らかに20代前半の子とは仕事の向き合い方や感覚に違いを感じる。自分が身につけてきた常識が、時代の変化もあって通用しなくなってきている。どう指導すればいいのか悩みながらも、毎日目の前のことを次々こなすうちに、気づけば**#アラサー**になっていた。

アラサーという年代。否が応でも「結婚」を意識せざるをえない。そして、今度こそ、失敗したくない。私は計画的に人生を進めていきたいタイプなので、かつては理想の恋愛を求め、理想の結婚を追いかけて、全力を注いで恋をしていた。

25歳の頃、異業種が集まる飲み会で7歳年上の商社マンと出会い、付き合うことになった。業種は違うけれど、大人な彼には仕事の相談ができ、頼りになった。彼と結婚したらどうなるかを妄想した。苗字が変わったら語呂が悪いかな。彼が海外転勤したら**#駐妻**になるのかな。その前に女友達に商社マンとの合コンを開いてあげよう。商社と広告代理店の結婚式二次会はさぞ盛り上がるだろうな。

しかし、そんな妄想をよそに、あるとき急に彼は海外転勤になったと私に告げ、一人で勝手に赴任してしまったのだ‼　私は遠回しに振られてしまった。その日は大学時代からの親友の家に行って、ワンワン泣いた。人生で一番泣いた日かもしれない。たくさん泣いて、すっきりして、次の日から普通に会社に行った。だって、割り切りのイイ女でいたいから。

今の彼は会社の同期だ。入社以来の友達であるが、1年前に一緒にした仕事が縁で仲良くなった。彼は優しいし、笑いのツボも合うし、価値観も近い。結婚するならこんな人なのだ。理想の恋や、理想の結婚式を思い浮かべられる人ではなく、理想の結婚〝生活〟を思い浮かべられる人。その人との恋が、私にとってほんとうの恋なのだ。

30代に突入しようとしている私は、年齢の焦りも手伝って、持ち前のしたたかさで彼をジワジワと追い込み漁中だ。強引に親に紹介し、同棲までこぎつけた。将来の結婚生活の話も、

⑫　#アラサー：アラウンドサーティーの略。30歳前後のことを指す。
⑬　#駐妻：チューヅマと読む。商社などの海外転勤の夫について行く妻のこと。自分の力ではなく、憧れの海外生活を手に入れることができる。

先んじてかなりしている。結婚式は教会の天井から降り注ぐ光が美しい#グランドハイアット。ドレスも妥協したくない。スカートのチュールが何枚も重なった憧れブランドのドレス。あ、でももうちょっと悩んでもいいかな。あぁ、夢が広がる……。駐妻生活も、商社マン合コンもないが、この人生の方が幸せだと思う。身近な人と結婚して、幸せな生活を築く。理想の生活を築く。人生で一番泣いた大失恋もあったけれど、それを乗り越え、人として成長しているはずだ。

昨年、二人で暮らすために目黒区に引っ越してきた。私の実家と近いので、いわゆる#近居だ。結婚後は中古のマンションを買って、引き続き目黒に住み、もし子どもができても親に面倒を見てもらおうと思っている。そりゃ新築の一軒家が買えればよいが、サラリーマン夫婦にそんなお金もないので、中古のマンション（よく言えば#ビンテージマンション）を買って、#リノベをしたいと考えている。彼は、#西海岸風だか、#ブルックリン風だか、とにかくおしゃれにしたいようで、#BRUTUSや#CasaBRUTUSの家の特集でおしゃれな人の家の記事を熟読して、今からイメトレ中だ。家のパーツも自分たちで選びたい。フローリングはおしゃれな無垢材にして、シンプルだけどセンスを感じる洗面台。トイレは泡洗浄できるタイプで、お風呂はジャグジー付きで毎日の疲れを癒したい。キッチンはアイランドタイプ。#食洗機も、コンロ代わりの#IHも、ドイツブランドに目をつけている。せっかくの二人の生活基盤だから、見えないところもこだわり抜きたい。

⑭ #グランドハイアット：六本木ヒルズ内にあるハイアットグループのホテル。高級感がすごい。
⑮ #近居：親の近くに住むこと。子どもがいる家庭は、親に子育てや家事を手伝ってもらうために、近居が増えている。
⑯ #ビンテージマンション：悪く言えば中古マンションだが、中古マンションの中でも、昔は高級マンションで、今も資産価値が下がらないマンションのことを指す。
⑰ #リノベ：自宅のリノベーションのこと。リフォームは一部を直すだけだが、リノベーションは壁や床もすべてはがして、構造以外はすべて新しくする。新築気分が楽しめるし、間取りまで自分たちで自由に考えられる。物件があまっている今、リノベをして住みやすくする家庭が増えている。
⑱ #西海岸風／#ブルックリン風：西海岸風は、アメリカ西海岸にありそうな世界観。海が似合っていて、古材などを使った、ビンテージ感のある家具が並ぶ。対してブルックリン風は、ニューヨークの近くのブルックリンをイメージした、オールドアメリカンな感じがおしゃれだったりする。
⑲ #BRUTUS／#CasaBRUTUS：マガジンハウスの雑誌。おしゃれなライフスタイルがのぞけるよ！
⑳ #食洗機：食器洗い機のこと。昔の家電の三種の神器といえば、白黒テレビ・洗濯機・冷蔵庫、その後はカラーテレビ・クーラー・自動車になった。今の新三種といえば、食洗機・乾燥機付き洗濯機・ロボット掃除機のこと。
㉑ #IH：電磁誘導で加熱するクッキングヒーター。フライパンや鍋を、火ではなく熱伝導で温めるので、コンロよりも掃除がラク。

目黒は住宅街が多く、住みやすくて気に入っているが、私は目黒にだけ生息しているわけではなく、新しいショップやカフェができたと知れば、フットワーク軽く、都内どこでも出没する。

パンケーキが流行れば、ハワイアンパンケーキの聖地・原宿&表参道でいつもの女友達と集合し、人気のパンケーキ屋さんにアトラクションのように長時間並んだ。代官山で集合して、**#蔦屋書店**に寄ったり、風が気持ちいい屋上テラスにごはんを食べに行ったりもした。清澄白河の**#サードウェーブ**のカフェを楽しむこともある。

同棲をしてからは女子会をする機会は減り、彼と出かけることが増え、麻布十番のように古くからある商店街や、昔ながらの名店に行ったりする。いずれにしろ、アクティブに動くのは私らしいと思っている。

今の私の悩みは、キャリアと出産だ（結婚もまだだけど！）。

会社に6年くらいいるので、だいぶ知り合いも増え、仕事も慣れたし、わりと楽しくやっている。でも、電車の中でふと思ったりする。このままキャリアアップしなくていいのか、転職しなくていいのか。

同期の中には、入社3年ほどで転職し、花開いた子もいる。今勢いのあるデジタル系の会社、ＩＴ系コンサル、スマホアプリの会社とかで、若手でももう役職に就いていてどんどん活躍している。ネットメディアでインタビューされている記事を見たこともある。確かにあの子はうちの会社にいるときから優秀だったけど、私だって挑戦すればもっと道が開けるのかもしれない。

でも、もし子どもを産むとしたら、転職と出産のどっちを先にすべきなのだろうか。もしくは、今の会社にいながら、大学のビジネスコースに行ってＭＢＡ（Master of Business Administration、経営学修士）をとるというのもいいかもしれない。今後の人生、働いていないとお金の心配は尽きないから、体力が続く限りは働き続けようと思っているし、少しでも成長して、ステップアップしたいと思っている。

そして、私の脳内話題ランキング、急上昇トピックは「出産どうする問題」だ。

㉒　#蔦屋書店：普通のＴＳＵＴＡＹＡと違って、なんだか高級でカルチャーな感じ。ライフスタイルへの提案がされている。

㉓　#サードウェーブ：アメリカでの3回目のコーヒーブームのこと。コーヒー本来の価値を重視する。ブルーボトルコーヒーはサードウェーブを牽引するコーヒーショップ。

#35歳から高齢出産というらしいが、周りの先輩方の焦りの声を聞く機会が増えている。子どもを産むかどうかは、人の勝手だし、身体の勝手でもある。そもそも夫婦どちらかが不妊体質なのかもしれない。**#結婚しなくても幸せな時代**。そして、子どもがいなくても幸せな時代。だから焦る必要もないはずだが、ここ数年、大学時代の友達や会社の先輩が、次々と出産している。私の周辺海域には、静かに、そして確実に「母になる」という波が押し寄せてきているのだ。

私たちが引っ越してから**#ホムパ**をよく開催しているが、そうすりゃ一人くらい、ベビーやキッズが必ずうちにやってくる。大学時代には全身ガーリーなモテ系女子だった子が、早めに結婚を決め、今やすっかり母だ。返事もしない赤ん坊に向かって「はいはい、おむつですね」と一方的に話しかけ、おしりのにおいを自ら嗅ぎに行っている。10年前からは想像ができないことだ！

子どものいない私にとって、他人の赤ちゃんは確かにかわいいが、猫だってかわいいし、若手俳優だってかわいい。子どもといえどブチャイクな子だっているはずだ。なのに、親になるとどんな子であろうと「全面的にかわいい‼」ようで、私にはその感情は理解の範疇《はんちゅう》を超えている。自分は子どもが欲しいのかよくわからないけれど、親や祖父母を見ていて思う。もし40代50代になって、あるいは、老人介護ホームで死ぬ間際になって、「あのとき、産んどきゃよかった」と後悔するぐらいなら、妊活した方がいいのだろうか。周囲のママたちは「とにかく自分の時間が欲しい。自分の時間が本当になくなる」と言っている。私は果たして子育てできるのだろうか。なにより目黒区は全国有数の保育園激戦区で、**#日本死ね**と思うかもしれないくらい、大変な**#保活**生活も待っている。

㉔ #35歳から高齢出産：初産が35歳以上を高齢出産という場合もある。最近は、キャリアを優先している女性も多く、高齢出産が増えている。

㉕ #結婚しなくても幸せな時代：ゼクシィのCMのキャッチコピー。女性のいろいろな生き方を肯定していて、ネット上では称賛された。

㉖ #ホムパ：ホームパーティーのこと。つまり自宅に人を招いてごはんを食べること。

㉗ #日本死ね：特に東京では保育園が足りず、社会問題に。保育園に預けられないと、ママたちは会社に復帰できず、会社の育児休業の規定を超えて休むと、退職させられるところもある。つまり保育園に入れないと、職を追われてしまうこともあるのだ。

㉘ #保活：子どもを保育園に入れるための活動。都市部では入所希望者が定員をゆうにオーバーし、待機児童が多数。保育園に入れないと仕事を辞めざるを得ない人もいるので働きたいママは必死。入りやすい地域に引っ越す人もいれば、有利になるために離婚してシングルマザーになる人がいるという都市伝説も。

週末でも、私はガンガン動く。

午前中にジムやホットヨガに行く。なにか身体を動かしていないとダメになってしまいそうだから。デザインのかわいいスポーツウエアを買い揃えるところから始めた。結婚式までには、ドレスが似合う二の腕と背中になるために、**#加圧トレーニング**で本格的に身体をしぼりたいと思っている。そう、何事にものめり込むタイプなのだ。仕事も休日も。

ジムから帰ってからは、録りためたTVドラマを片っ端から見ていく。ここ5年ぐらいでドラマとスマホはセットで楽しむものになった。ネットニュースで話題になっていると気になってドラマを見る。そんなスタイルが増えた。最近は、Netflixなどの**#定額動画配信サービス**の会員になってしまったから、さらに見るドラマが増えてしまった。時間が足りない。あー足りない。

さて、そろそろ夜ごはんの時間だ。ごはんを食べながら、彼に将来の話をしてみようかな。いつまでに、何人くらい子どもが欲しいか。お互いキャリアをどうしていきたいか。でも、その前に、食後にドラマの録画を見たいな。きっとドラマを見ていると、たいていソファで寝ちゃって、また話せなくなるんだろうな。ま、話し合いは来週でいいか。

こうして、モーキャリの毎日は忙しく過ぎていく。

㉙ #加圧トレーニング：腕や脚に、専用のベルトを巻いて、負荷をかけてトレーニングする。短時間で効率的に筋肉がつけられるとか。

㉚ #定額動画配信サービス：有料会員になると、ドラマなどの動画がすべて見放題というサービス。

キャリジョクラスター・ファイル2
家族との幸せを最優先【ちょいキャリ】

続いてのクラスターは、結婚こそが女性の幸せだと思っており、仕事（＝キャリア）はちょいっとがんばればいいと思っている【ちょいキャリ】です。

ちょいキャリの多くは、目標が専業主婦になることなので、結婚を前提としたキャリア設計になっています。「満足度」と「貪欲度」では、恋愛・趣味・人づきあいが平均並みのスコアを獲得しているのに対し、仕事は著しく低いスコアとなっています。また、「自分のやれる範囲のちょうどいい仕事がいい」「できれば楽な仕事がしたい」など、仕事は自分に負担をかけない程度に取り組んで、プライベートを最優先したいという気持ちがうかがえます。

結婚したいという気持ちが強いクラスターなので、もちろん恋愛にも意欲的。「仕事より恋愛・婚活を優先させたい」「好きな男性には尽くすタイプだ」など、積極的に恋愛をしているようです。元々誰かに尽くすことが好きなタイプなんでしょうね。

ちょいキャリの性格で特徴的なのは、「マイペースな方だと思う」人が多いことです。「夜更かししがちである」のも、自分のペースを崩さずに、ついつい目の前のことに夢中になっていたら、夜遅くまで起きているということでしょうか。消費意識に関してもその傾向があります。「ブランド関係なく、自分が気に入ったものを購入したい」「お金をかけないおしゃれがしたい」など、周囲の価値観には振り回されずに、好みとお財布事情に合わせて、あくまでも自分目線でものの判断をしているようです。ただし、「自己主張が強いタイプではないと思う」人が多く、それを他人に強要することはなさそうです。あくまで自分は自分、他人は他人と考えている姿勢が見てとれます。

生活の面ではどうでしょうか。「ちょっとした工夫で日々の生活を充実させたい」のスコアが高く、日常での充足感を求めているようです。「キャラクターモチーフのカフェ、コスメ、文房具などを利用する」人が多いのも、日常で利用するものや場所をちょっとでもかわいく、テンションの上がるものにしたい、というささやかな気持ちが表れているのかもしれません。

ちょいキャリは、自分の目に見える範囲の人やものを豊かにすることが幸せにつながっていくと思っている、ある意味、現実志向のクラスターとも言えそうです。

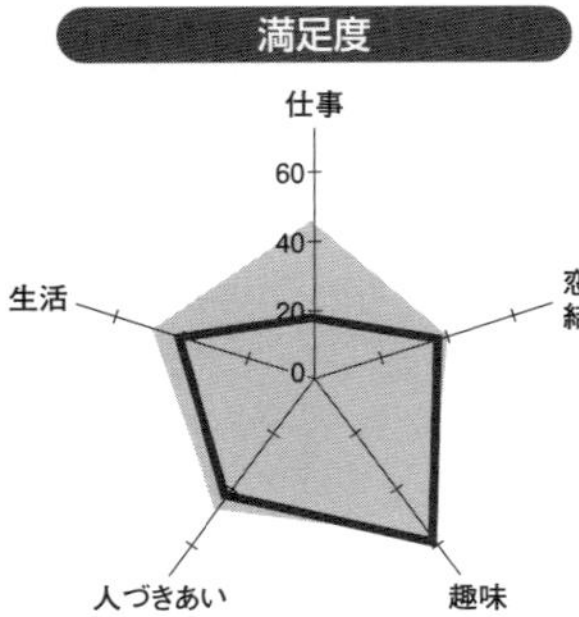

満足度
仕事
恋愛
結婚
趣味
人づきあい
生活
60
40
20
0

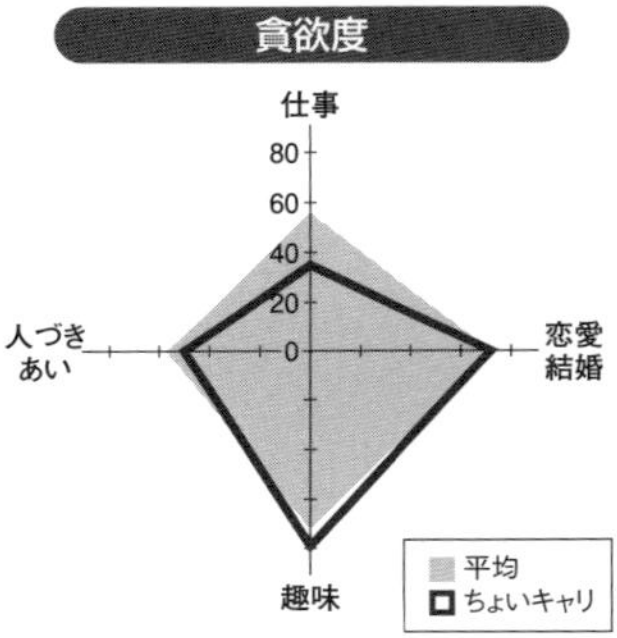

貪欲度
仕事
恋愛
結婚
趣味
人づき
あい
80
60
40
20
0
平均
ちょいキャリ

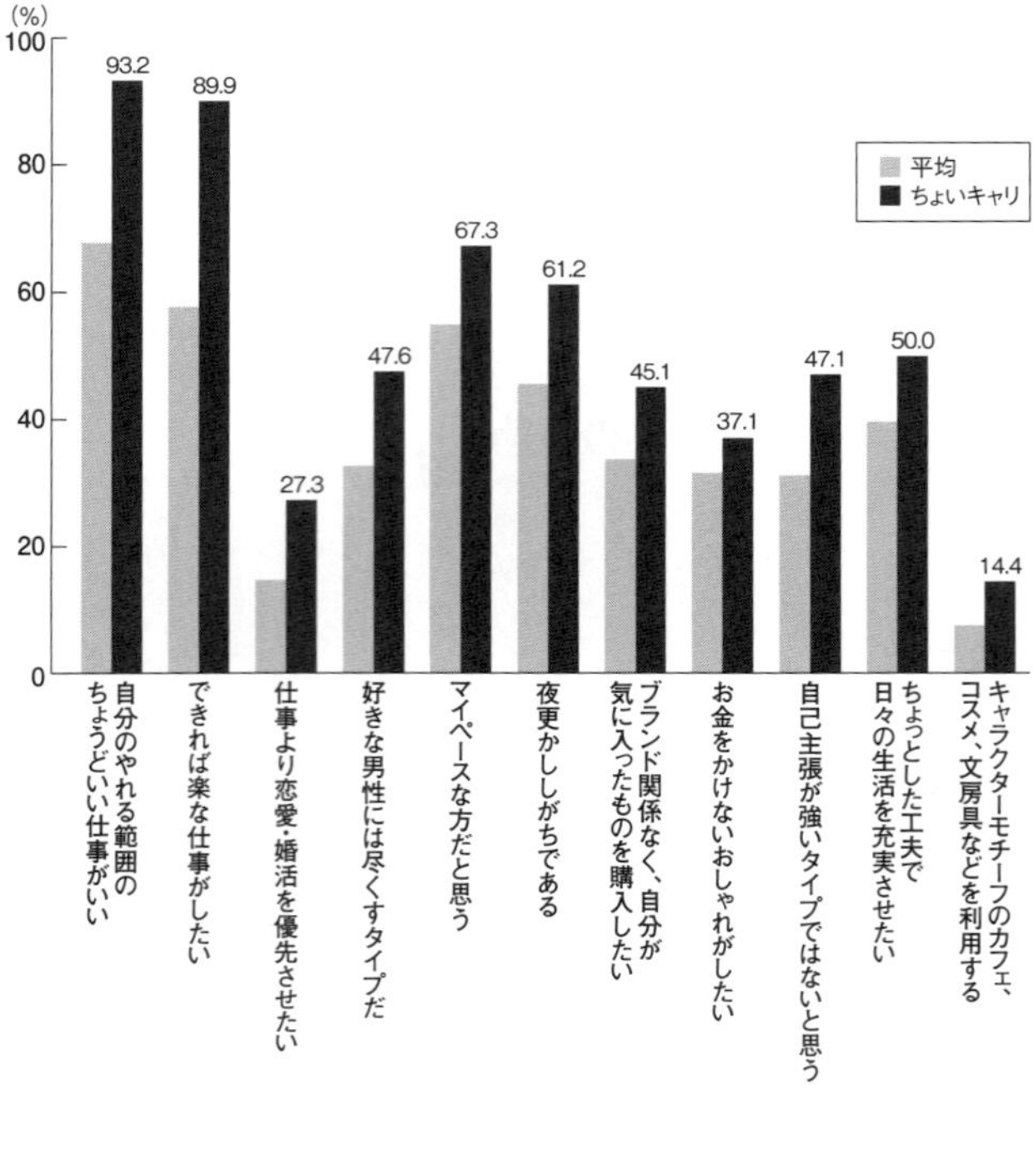

(%)
100
80
60
40
20
0
平均
ちょいキャリ
93.2
89.9
27.3
47.6
67.3
61.2
45.1
37.1
47.1
50.0
14.4
自分のやれる範囲の
ちょうどいい仕事がいい
できれば楽な仕事がしたい
仕事より恋愛・婚活を優先させたい
好きな男性には尽くすタイプだ
マイペースな方だと思う
夜更かししがちである
ブランド関係なく、自分が
気に入ったものを購入したい
お金をかけないおしゃれがしたい
自己主張が強いタイプではないと思う
ちょっとした工夫で
日々の生活を充実させたい
キャラクターモチーフのカフェ、
コスメ、文房具などを利用する

家族との幸せを最優先
ちょいっとキャリアの

ちょいキャリ

(9.7%)

年齢：27.3歳
(20代前半が多い)

年収：328.1万円
(7クラスター中7位)

おこづかい：48,298円
(7クラスター中3位)

職業：一般職の事務系

ちょいキャリ3箇条

一、女性の幸せ＝結婚にあり！

二、人間関係は〝気の合う仲間と狭く〟気の強い人はちょっと苦手。

三、かわいい小物はつい買いがち。特にキャラクターグッズが好き。

●ちょいキャリのかばんの中身●

- キャラクターデザインのペンとスケジュール帳
- キャラクターデザインの大きな折りたたみミラー
  (キャラ物大好き♥)
- ポイントカードやクーポンが入った折りたたみ財布
  (お得情報は逃さず収集)
- ノーブランドのメイクポーチ(バニティ型)(プチプラ化粧品、色つきリップなど)
  (メイクは大好きなので、いつも一式持ち歩き。ただし、中はプチプラが多い)
- キャラクターのお弁当箱

ちょいキャリ野口美香の日常　〜幸せは毎日過ごす家庭にあり〜

26歳、中小不動産会社勤務。事務職。
杉並区女子。彼氏と1年前から同棲し、現在婚約中。

「ピピピ……ピピピ……」スマホのアラームが朝6時半を知らせる。それは、1日の始まりの合図でもある。横で口をあけながら爆睡している彼氏をよそに、さらっと起床した。元々眠りが浅いせいか、わりと朝は得意な方だ。すぐにキッチンに立ち、**#電気ケトル**でお湯を沸かしている間に、とっとと**#朝シャン**の準備を始める。

少し熱めのシャワーを浴びながら、今の朝シャン生活も祐くん（彼氏）と同棲してから始まったことを思い出した。祐くんは、私より2歳上で、現在、アパレルの店長をしている。優しくて、一緒にいて安心できる、とてもいい人。付き合って4年目になる今でも、できるだけ一緒にいる時間を増やしたいと思えているのは、とても幸せなことだと思う。

私が夜ではなく朝にシャワーを浴びるようになったのは、彼の生活リズムに合わせているからだ。彼は、仕事の都合上、どうしても帰宅が深夜11時以降になってしまう。そこから晩ごはんを準備して、二人で一緒に食べようとすると、結局夕食の時間は深夜12時頃になり、眠気に耐えられずそのまま寝てしまい、お風呂は翌日の朝……というサイクルになってしまうのだ。それでも、「お帰り」って彼を迎えて、一緒に食べる晩ごはんの時間が、私にとってはとても大切だ。

昨日の晩ごはんでは、久しぶりに彼の好物の**#パクチー**を入れて**#生春巻き**を作ってあげたら、「美香の料理は、本当に何でも美味しいなぁ」ってとっても喜んでくれた。この前は、市販のルーを使わないカレー作りに挑戦したり、鶏南蛮を作ってみたりした。料理は結構好

---

① #電気ケトル：お湯を沸かす電気ポット。ガスでお湯を沸かすよりもはるかに早い。主婦の味方。
② #朝シャン：朝にするシャンプーの略。寝る前だけではなく、朝にもう一度シャンプーをして、1日に2回も頭を洗う人がいる。
③ #パクチー：エスニックな香りがする香菜。東南アジア系の料理でよく使用される。女子の間で一時期は「アボカド」に並ぶほどのトレンド食材となった。都内にはパクチー専門店があるほど。
④ #生春巻き：ライスペーパーで、野菜や海鮮を包んだもの。低カロリーで野菜も摂取でき、女子が好んで食べる。甘辛のソースにつけて食べると絶品。

きで、趣味を訊《き》かれたら料理と答えている。栄養バランスを気にしているので、休日におでかけするとき以外は、基本自炊を心がけている。料理の写真は撮ったりするけど、SNSにアップするためではない。大事なのは、祐くんに美味しいと言ってもらうことだから。やっぱり、食べてくれる人がいるから作りがいがある。

……っとボケッとしている時間はない。早く出勤の準備をしなくては。急いでお風呂からあがり、まだ水滴が垂れる髪をタオルで押さえながら、朝ごはんの準備を始めた。

慌ただしくも、出勤の準備を終えた。そろそろ家を出ないと遅刻する。

「祐くん、行ってくるよー！　朝ごはんレンジでチンしてね！」と声をかけると、私の声を聞いて眠たそうに、祐くんが「うん」と返事をした。さて、行くか。ダッシュで駅に向かう。

今の会社に勤めて1年。仕事にはだいぶ慣れ、余裕も出てきたと思う。従業員30人程度の不動産会社の事務職ということもあって、元々そこまで忙しい仕事ではない。業務内容も、単純作業が多く、仕事にやりがいがあるわけではないけど、シフト制でプライベートの時間を優先しながら勤務時間を選べるのが魅力的だと思って入社した。上司や同僚ともわりと仲良くやれていると思う。

実は私にも、一生懸命に働いていたときがある。

地元の高校を卒業して、特にやりたいことも見つからなかった私は、唯一興味が持てたファッションを勉強するために、地元の服飾系専門学校に入学した。もともと**#マイペース**な性格というのもあり、明確な目的を持たずに入学したら、わりと**#ガチ**でファッションを学びたい子がたくさんいて、次第に周囲についていけなくなった。他に楽しさを求めて、都内のアパレルショップでアルバイトを始めたのは、ちょうどその頃だった。

遊ぶためのお金が欲しくて始めたバイトだったけど、人懐っこい性格がお客さんに気に入られたのか、バイトを始めて半年くらいで、気づいたら自分に固定客がついていた。その様子を見ていた当時の店長が私のことを気に入ってくれて、社員にならないかと誘ってくれた。当時は接客が好きだったから、悪くないなと思い、専門学校の卒業と同時に社員になり、その1年半後には店長になった。

店長になったときは評価されたと思って嬉しかったけど、それからが結構大変だった。毎

⑤　#マイペース：他人に左右されずに、自分のペースや方法を崩さない人。ちょいキャリはマイペースな人が多いらしい。

⑥　#ガチ：本気で。「マジ」に意味は近い。

日数字との戦いだったし、高い#ピンヒールや#ひざ丈スカートをはきながら、十数キロはある品物の出し入れを繰り返すというのは、肉体的にもハードだった。女の子が職場の大半だったから職場の関係性作りも苦労した。もちろん、楽しい経験もたくさんしたけど。職場の女の子たちと一緒に#サンタコスを着ながら、#クリパなんかもしたかな……。懐かしい。

そんなこんなで、毎日、無我夢中で仕事をしていたら、気づくと25歳目前になっていた。久しぶりに開いた# Twitterで、友人がきれいな花嫁姿で、旦那さんと幸せそうに写真に写っているのを見たとき、ふと思った。「私、毎日こんなにがんばって、何のために仕事しているのだろう……」「一生懸命働いたし、もうこれ以上がんばる必要ないかも……」って。

アパレルの仕事は、収入も特別高いわけではないし、休日や年末も忙しいので、仕事を始めた頃から、25~26歳くらいで辞めようって思っていた。だから、祐くんとの同棲が決まったところで、仕事は辞めた。

確かに、仕事のやりがいはあったけど、やっぱり私にとっては、大切な人と一緒に過ごす時間とか、友達とくだらないことで笑える時間の方が大事だと気づいた。だから、今はプライベートの時間をちゃんと持つことができて、よかったと思う。欲を言えば、もうちょっとお金は欲しいいんだけど。

物心ついた頃から、「結婚」とか「家族」に憧れていた。

もしかしたら、自分の両親や家族の仲がよかったからかもしれない。今でも家族とは仲がよく、すでに結婚したお姉ちゃんや大学生の弟とは毎日連絡を取り合っている。だから、私が将来築く家庭も、仲がよい夫婦や家族になったらいいなと思った。

友達と子どもの話になったりするけど、実は無理して子どもを産もうと思ってない。今の祐くんとの二人の生活でも十分幸せを感じているし、彼も私の意見に共感してくれている。でも、もし子どもを授かったら、それはそれで、お手製の洋服なんか作っちゃったりして、

⑦　#ピンヒール：ヒールが細い棒状のもの。2000年代のギャルがよく履いていた。最近は太いヒールが流行っている。
⑧　#ひざ丈スカート：ひざは見えるけど、太ももは見えない長さのスカート。清楚な印象になる。
⑨　#サンタコス：サンタのコスチュームの略。最近は、ワンピースやミニスカートなど、様々なサンタコスがあり、バリエーションが豊富。
⑩　#クリパ：クリスマスパーティーの略。一時期、女子のクリパは、リムジンやホテルの一室を貸し切って、かわいく、そして派手に行うのがトレンドだった。最近は、家族とゆったり過ごしたり、プレゼント用のニットを編んだり、アットホームなクリパがトレンドになっている。
⑪　#Twitter：SNSの中でもちょいキャリが唯一投稿するのがTwitter。

とってもかわいがると思う。

最近は、お裁縫やイベントグッズ作りが好きで、仕事から帰宅した後に、作業することもしばしばある。季節のイベントごとに、家の雑貨のデザインをちょっと変えている。**#ハロウィン**のときは、テーブルクロスやトイレのカバーも、ハロウィンカラーのものに変えて、カボチャの刺繍《ししゅう》を施したり……、クリスマスは、窓に**#ジェルシール**を貼り付けて、クリスマスっぽく家の中を飾り付けている。

だいたい材料は**#100円ショップ**で全部揃うから、あんまりお金もかからない。そういった日常にちょっと手を加えて、工夫することが好き。もっとやることがあるじゃないかって言う人もいるけれど、日々の生活に変化を感じられることは、心のゆとりや豊かさを表していると思う。豪華でラグジュアリーなパーティーで友人たちと盛り上がる一時的な楽しみより、毎日を過ごす家庭で、ささやかな幸せを感じることの方が本当の幸せじゃないかな。


今、私が欲しいのは、一軒家のマイホームと車だ。

住んでいる家は、アパートの2階の角部屋。駅から15分くらい歩くけど、部屋自体は二人で十分暮らせる広さで、家賃もそこまで高くない。だから特に今住んでいる家に不満があるわけではないけれど、この前、祐くんに念願のプロポーズをしてもらったので、本格的に二人で住む家を考えたい。理想は、お庭つきの一軒家だ。

車も中古の軽自動車は持っているけど、使用年数も結構経《た》っているので、そろそろ買い換えたい。特に欲しい車種はない……というか、車のことはよくわからないから、基本的には祐くんに任せている。なんとなく、見た目がかわいいデザインの車がいいなっていうくらい。

なんで関心がないのに、新車が欲しいのかって？　それは、自分たちの家と車を持つと、ちゃんと家庭を持っている感じがするから。

だから、家と車のためにちゃんと貯金しなきゃと思って、最近はあんまり自分のためにお金は使わないようにしている。直近に買ったものと言えば、去年、友達の結婚式の二次会に

⑫　#ハロウィン：毎年、若い男女がオリジナルのコスチュームを身につけて、渋谷に現れる。ハロウィンの日の渋谷は人であふれている。
⑬　#ジェルシール：ガラス窓に貼るカラフルなジェル状のシール。取り外しが可能で、手軽にデコレーションできる。
⑭　#１００円ショップ：最近の１００円ショップは、日用雑貨から文房具、食材まで様々なものを売っている。また、おしゃれで便利なオリジナルグッズも多く販売しており、１００円という値段を感じさせない。

出るために買った#結婚式用のドレスぐらい。1万5千円ぐらいだったと思う。本当はもうちょっといいドレスを着たい気持ちもあるけれど、生活費も祐くんと4万円ずつ出し合っているから、自由に使えるお金がそれほど手元に残っていないので、これくらいに抑えないとキツイというのが正直なところ。ただ、キャラクターグッズが好きで、ついつい買っちゃう。思い返すと、家にはキャラクターのぬいぐるみがたくさんあるなあ……。

ちなみに、買い物はしないけど、ウィンドーショッピングはよくする。地域のデパートとか大型ショッピングモールに行くことが多い。有名な#ファストファッションブランドはだいたい入っているから、流行りものは簡単に手に入るし、一度にいろんなお店を回れるから、便利だ。特にブランドにはこだわりはない。そのときの流行や商品のかわいさが大事で、どのブランドかは二の次。着ると、結局どのブランドかわからないから。人の評価やブランドは関係なく、自分がいいなと思う感覚を大事に買うようにしている。後は時々#アウトレットデートすることもある。正規の値段では絶対に買えないブランドが安く買えると嬉しい。

待ちに待った会社の昼休み。

だいたい休憩中は、友達と週末に遊ぶ予定を詰めるやり取りをしているか、お気に入りの

#キュレーションサイトを見ることが多い。私にとってはこの休憩時間が、世の中のトレンドキャッチアップタイムだ。最近は、話題のヘアスタイルや#100均活用術のコラムにハマっている。

「ピコンッ……」あ、真由からのLINEだ。真由は前の職場の同僚である。「土曜日、どうしよっか～」と書かれている。私たちの会話は、だいたいこんな感じでざっくり始まるの

⑮ #結婚式用のドレス：毎回同じドレスを着て出席するわけにもいかないので、結婚式のドレスは意外とお金がかかる。なので、レンタルをしたり、1回着用して中古品として売ったりしながら、女子はお金をやりくりしている。

⑯ #ファストファッション：最新の流行を安価な値段で取り入れられるファッションブランドのこと。安さがポイントだったファストファッションブランドも、最近は大手ラグジュアリーブランドとコラボレーションしたりしているので甘く見てはいけない。

⑰ #アウトレットデート：アウトレットモールでのデートのこと。ハイブランドが破格の値段で買える。テーマパークや宿泊施設に併設されているところもあり、ドライブデートの目的地としてはもってこいの場所である。

⑱ #キュレーションサイト：美容、食、医療など、何かしらのテーマで情報をまとめたサイト。自分の興味ある分野についての情報を簡単に集めることができるので、通勤時間やちょっとした休み時間の暇つぶしに重宝する。

⑲ #100均活用術：100円ショップで売っているものだけを使った収納術やDIY、インテリア作りのアイデアなどを紹介している。

が普通だ。「どこでもいいよ〜。この前行った#新宿御苑のカフェにまた行っても良さそう〜！」と、ネコのスタンプをつけて、すぐに返信をする。#LINEのスタンプは、購入しない派だ。企業が出している、無料のスタンプを使用している。何事も塵《ちり》も積もれば山となる。節約だ。

休日は、友達と会うか、祐くんと一緒に出かけることが多い。

友達と会うときは、必ず会う前に何をするのか連絡を取り合うけど、結局いつもカフェでのおしゃべりになる。新しい場所に行って刺激を受けるのも好きだけど、落ち着ける場所の方を選びがちだ。この前の週末もお気に入りのカフェで、元職場の友達と3時間くらい話し続けていた。話の内容は、#近況報告だったり、恋バナだったり、職場の不満などが中心。気心の知れた友人と、肩の力を抜いて話すのが好きだ。イヤなことがあったら、友達とごはんに行って、くだらないことで大爆笑すると、心がリセットされる感じがする。それが、私の息抜きの方法だ。

思えば、私の友達には、あんまり気の強いタイプはいないと思う。物言いがはっきりしている子、いわゆる「クラスのまとめ役」みたいに、みんなに指示を出すタイプの女の子はちょっと苦手。だから、友人関係も狭く深くなりがちだ。今、LINEしてきた真由は、何に対しても「なんでもいいよ～」と受け入れてくれて優しいから、一緒にいて居心地がいい。まさに**#安定の仲**。年齢は5歳上なんだけど、全く気にならない。会うと安心してリラックスできる、こんな友達をこれからも大切にしたい。

「キーンコーンカーンコーン」

定時のチャイムが鳴り終わると同時に、そそくさと会社を後にした。あ～今日もがんばった！　仕事から解放されたこの瞬間が、1日の中で一番ワクワクする。さて、今日の夜は何

⑳　#新宿御苑：新宿区と渋谷区にまたがる庭園。新宿といえば、歌舞伎町や二丁目など華やかなイメージが先行するが、新宿御苑の周りにはおしゃれで落ち着いたカフェやレストランがたくさんある。天気がいい日に、新宿御苑内を散策すると最高に気持ちがいい。

㉑　#LINEのスタンプ：テキストメッセージだけでは伝えきれないニュアンスや気持ちを表すのに便利なのがスタンプ。自分の気持ちを代弁してくれるのがスタンプなので、どのようなスタンプを使っているかで、使用者自身のキャラクターがわかる。特に女子。

㉒　#近況報告：最後に会った日から、次に会う日までにあった出来事を共有すること。女子会の会話のメインはこれである。どんな出来事があったかネタ帳を作ってくる人もいる。

㉓　#安定の仲：いつ会っても、変わらず安心できる仲良しの友達のこと。「○○ちゃんとは安定」と略されることも多い。

にしようかな〜♪　晩ごはんは、祐くんのための毎日の**#プチサプライズ**だ。

その前に、祐くんに帰宅時間を訊いてみよう。ＬＩＮＥを開いて、メッセージを打ち始める。「私は、今仕事終わったよー！　祐くんは今日何時頃に帰ってこれそう？　晩ごはん作って待ってるねー！」お気に入りのスタンプもつけた。

メールを打ち終わって、ふと顔を上げたとき、パンツスーツに高いヒールを履いた女性とすれ違った。いわゆる**#キャリアウーマン**と言われる女性だ。今日、もう1本仕事をがんばろう！　と言わんばかりに、カツカツとヒールの音を立てて歩いていった。私もアパレルで働いていた頃は、あんなふうに周りから見られていたのかな……とふと思った。彼女はちゃんと会いたい人には会えているのだろうか。ゆっくりごはんを食べて、お風呂に入って、リラックスする時間を持てているのだろうか。

愛する人と、一緒に笑いながらごはんを食べる。

至って当たり前のことかもしれないけれど、幸せっていうのは案外日常の中にあると思う。いろんな生き方があるけれど、私はこれからも、大切な人々と毎日を丁寧に生きたい。

さて、今日も美味しいごはん作るぞ〜！　私の本番はここから始まる。

㉔　#プチサプライズ：ちょっとしたサプライズのこと。

㉕　#キャリアウーマン：死語になりつつあるが、専門的な技術や知識を持って働く女性たちのこと。管理職志向が強いとも言われている。最近はバリキャリとも表現される。

キャリジョクラスター・ファイル3
趣味重視で我が道を行く【割りキャリ】

【割りキャリ】は、趣味など自分の情熱をかけるものを最優先にして生きるクラスター。仕事は〝割り切って〟働いている、というキャリア意識から割りキャリと命名しました。仕事は「満足度」「貪欲度」ともに低く、趣味の項目はともに突出しているところが特徴的です。

仕事への「貪欲度」が平均よりとても低い割りキャリ。詳細を見ていくと、「仕事はお金を得るための手段に過ぎない」がなんと、平均よりもかなり高い数字に。「残業のない仕事が良い」も高いです。そして、「仕事よりプライベートを優先したい」は97・6%(‼)で、100%に近い結果に。自分の人生において大切なことを明確にし、それに最も時間と労力をかけられるよう優先順位をつけているのではないでしょうか。

そんなプライベート重視の割りキャリの、仕事以外の私生活を見ていきましょう。「自分が情熱をかけられるものに、力を注いで生きていきたい」「ファッションやメイクのお金を抑えて、他に買いたいものがある」は、平均よりも高い数字に。自分の大好きなことのために猪突猛進したいのです。彼女たちが仕事はやりがいや成長のためではなく、稼ぐための手段だと割り切るのは、趣味に熱中するためのお金が必要だから、というのもあるのかもしれません。節約も惜しまないコツコツタイプでもあります。ちなみに、趣味は、読書や漫画、アニメ、ゲームが多く挙げられていました。

また、「わいわい大勢で楽しみたい」という項目が平均より低く、「仕事外で、職場の人とランチや飲み会などで交流するのは面倒」が高く出ているところも特徴的でした。さらに自己評価では「性格が根暗だと思う」と半数が回答し、平均よりも高い。ちょっぴり人見知りで、気の置けない親友たちとの少人数の会や、一人の時間を大切にするタイプなのかもしれません。また、「流行についていかなくても気にならない」も平均より高く、趣味という〝自分の世界〟を持っているからだろうと思われます。

そんな趣味第一主義で内気な割りキャリ。恋愛に興味がないのかというと、実は既婚率が2割弱。全7クラスターの中でも最も高いのです！　そんな彼女たちの理想の男性像は、やはり「自分の趣味を理解してくれる・反対しない」が比較的高め。自分の情熱を注ぐものや、自分のペースを最優先に。そんな自分のものさしを大事に生きていく姿勢が見てとれます。

趣味重視で我が道を行く割り切りキャリアの
割りキャリ
（14.1%）

年齢：27.9歳
(20代後半が多い)

年収：339.6万円
(7クラスター中5位)

おこづかい：39,783円
(7クラスター中6位)

職業:一般職の事務系が多め

割りキャリ3箇条

一．仕事、恋愛よりも、趣味命！情熱を傾けるもののために生きる。

二．仕事はあくまでお金を得るための手段。成長ややりがいは求めない。

三．大勢でわいわいすることや、社交的な場はちょっと苦手。

●割りキャリのかばんの中身●

- 雑貨屋で買ったシンプルな合皮の長財布
- シンプルなペンとスケジュール手帳
(特にこだわりはない)
- メイクポーチ（ファンデーション、口紅、リップクリーム、ハンドクリームなど）
(必要そうなものは一応持ち歩く)

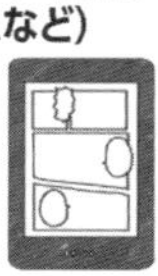

- 漫画の新刊
- イヤホン、Kindle 端末、モバイルバッテリー
(常に漫画やアニメを見られるようにしている)
- のど飴、グミ
(口寂しいときに食べる、よく変わった味にチャレンジしてみる)

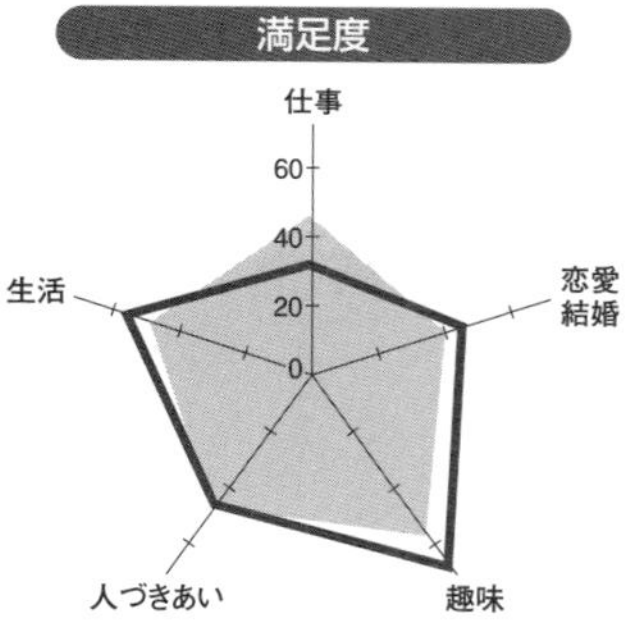
満足度
仕事
恋愛
結婚
趣味
人づきあい
生活
60
40
20
0

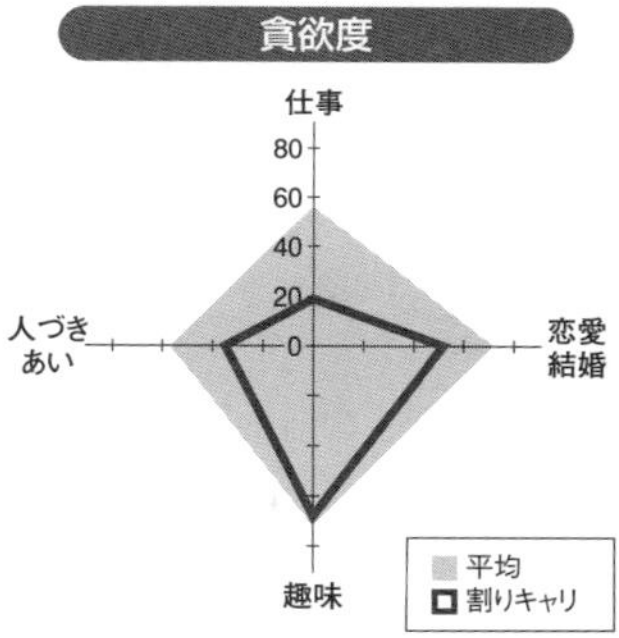
貪欲度
仕事
恋愛
結婚
趣味
人づき
あい
80
60
40
20
0
平均
割りキャリ

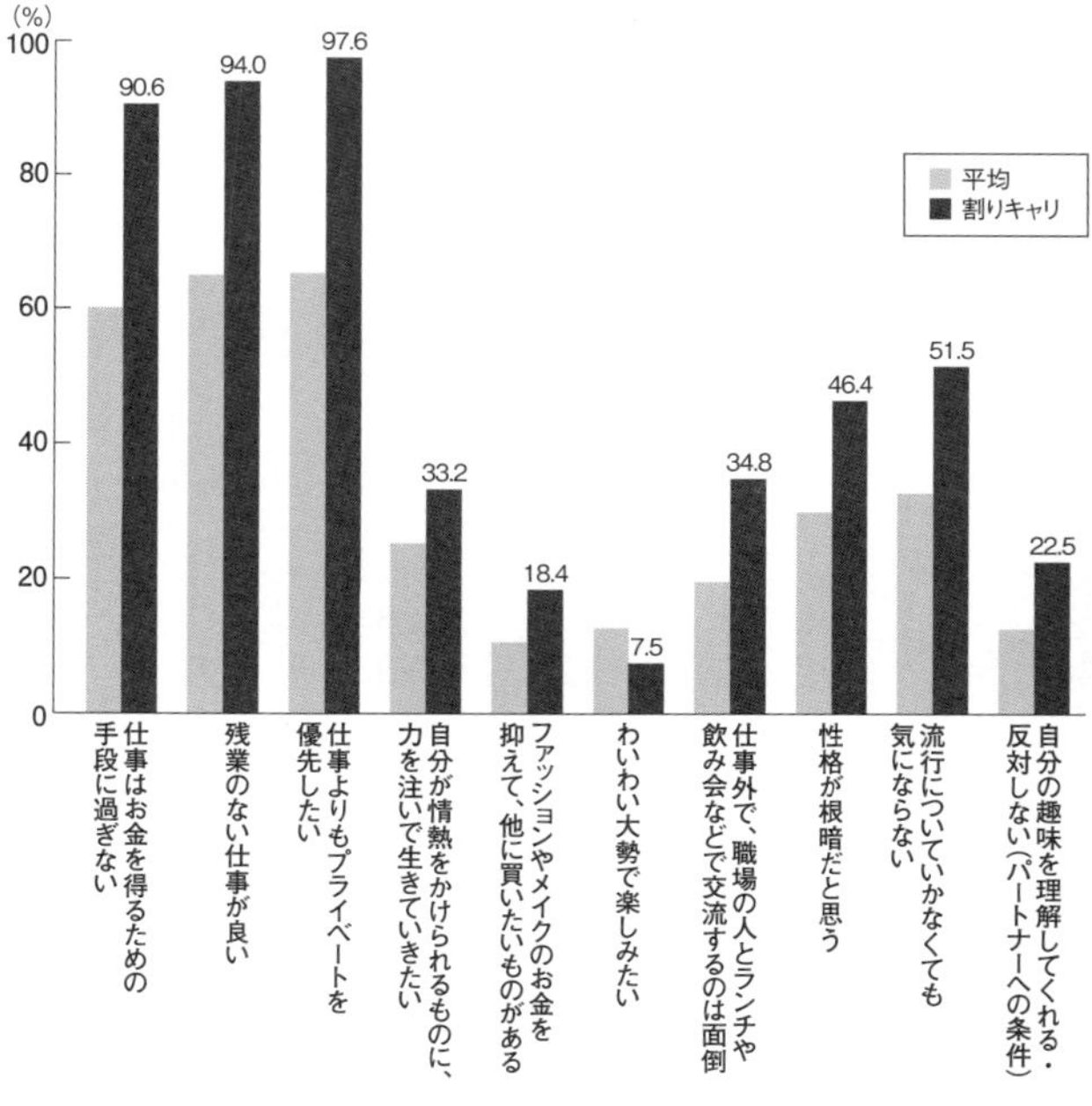
(%)
100
80
60
40
20
0
平均
割りキャリ
90.6
94.0
97.6
33.2
18.4
7.5
34.8
46.4
51.5
22.5
仕事はお金を得るための手段に過ぎない
残業のない仕事が良い
仕事よりもプライベートを優先したい
自分が情熱をかけられるものに、力を注いで生きていきたい
ファッションやメイクのお金を抑えて、他に買いたいものがある
わいわい大勢で楽しみたい
仕事外で、職場の人とランチや飲み会などで交流するのは面倒
性格が根暗だと思う
流行についていかなくても気にならない
自分の趣味を理解してくれる・反対しない(パートナーへの条件)

割りキャリ小島晃子の日常　～大好きなもので充実した毎日～

29歳、商社勤務。事務系一般職。
台東区女子。既婚。夫と二人暮らし。

朝、目を覚ます。深夜までついつい夜更かしして録りためていたアニメを見ていたせいか、眠気がひどい。

枕元の夫のメガネをどかしながらなんとかスマホを掴みとり、真っ先にチェックしたのはTwitter。夜中に**#タイムライン**に流れてきた、大好きなキャラクターのギャグ四コマ漫画は、絵のタッチがとてもかわいいと評判の**#絵師さん**による投稿。これまた流れてきたのは好きなキャラクターのコスプレ衣装の画像で、美人で憧れの**#レイヤーさん**が作った新作衣装の画像だ。最後に**#ヲタ友**のギャグセンス爆発の至高のツイートをチェックしてなんとか気持ちを昂《たか》ぶらせ、ちょっとアタマが冴えてきたところで、夫を起こさないように布団からゆっくり這《は》い出る。

深夜までの残業の後ぐったり眠る夫と自分のために朝食を作る。といっても大概寝坊しているので本当に簡単なものだ。トースト、目玉焼き、ソーセージにオレンジジュースの定番朝ごはん。作り終えたらテーブルに並べ、ぼんやりテレビのニュースを見ながら食べる。ある程度経っても夫が起きてこなければそのままラップをかけて置いておく。

自分の食器を洗い終わったら洗面台に行って、支度を始める。泡で出てくる洗顔料で顔を洗って、ドラッグストアで売ってたうるおいタイプの大容量の化粧水をパシャッとつける。同じシリーズの乳液を一応つけて、これまたいつも行くドラッグストアで買ったプチプラファンデーションをつける。仕上げに、見ているだけでテンションが上がるパッケージのかわ

---

① #タイムライン：Twitter のホーム画面。自分がフォローしている人の投稿が流れてくる。

② #絵師さん：主にインターネット上でイラストを描いているイラストレーターのこと。敬意を示すべく絵師「さん」と呼ぶ。ステキなイラストをたくさん描いて、見せてくれるからだ。

③ #レイヤーさん：コスプレをしている人＝コスプレイヤー。こちらも敬意を示すべくレイヤー「さん」と呼ぶ。ステキなコスプレをたくさん見せてくれるからだ。

④ #ヲタ友：ヲタク＝オタク、の友達。ネットつながりだったり、イベントで知り合ったり、友達の紹介だったり。人見知りなのに、同じ作品が好きというだけで運命共同体感があって比較的すぐ仲良くなれたりする。

いい色つきリップで簡単に化粧を済ませた。うん、やっぱこのリップ、買ってよかった。たまらんかわいい。こうしてついついパッケージが#少女アニメタイアップもののコスメだと、ちょっと高くても買ってしまう。普通のコスメは、わざわざ百貨店の高いものじゃなくて、別にドラッグストアのプチプラでもいいじゃんって思うんだけどな。

服は少し肌寒いので保温下着を下に着て、近所の大きいショッピングモールに入っているお店でセールのときに買った仕事用のVネックセーターとふんわりスカートを着た。低めのパンプスも同じくモールで、賢くお安く購入。着回しがきく&失敗しない&コスパがGOODなファッションが大事。ちなみに、あまりのかわいさから、時折思い切って買ってしまう、#お菓子モチーフのネックレスはたまに休日つけることにしている。キャラじゃないってわかってるけど、とんでもなくかわいいからつい集めてしまうのだ。

そんなこんなで、名残惜しそうな猫のアタマを撫《な》でた後、いまだ眠る夫に「いってきます」と一応伝え、そそくさと家を出る。我ながら朝の支度は非常に早いと思う。そんなことを思いながら、好きなアニメの#キャラソンやオープニングテーマを爆音で聴きつつ駅まで早歩き。サビにさしかかると、いつもあのお気に入りのシーンを思い起こして胸が高まる。音楽に夢中になりながら歩くと意外とあっという間に駅に着いてしまうのだった。ああやっぱこの曲、泣けるなあ。
職場は自宅から5駅とはいえ、満員電車はちょっぴりストレスフル。でも大丈夫。貴重な**#スマホゲー**タイムだからだ。最近めっぽうハマってるのは**#アイドル育成ゲーム**で、キャラクターをミニゲームなどを通して、育成するもの。好きな声優さんがどんどんいろんなゲームに登場するのもあって、複数ハマっているゲームがある。スキマ時間というものが最近、本当になくなったなあと思う。電車の中でも老若男女がスマホでゲームしてるし、スマホゲー全盛期だなあと本当に思う。

---

⑤　#少女アニメタイアップものコスメ：少女アニメとコラボレーションして作られたコスメ。主人公の女の子の持っているステッキの形のアイライナーとか、女の子が変身するときに使うアイテムと同じ形のコンパクトとか、乙女心をくすぐるアイテムが、たいていちょっとお高い値段で売られている。
⑥　#お菓子モチーフのネックレス：本物さながらのお菓子モチーフのチャームを使っているアクセサリー。
⑦　#キャラソン：キャラクターソングの略。キャラクター（の声優さん）が、それぞれのイメージにあった歌詞やメロディーのオリジナルの曲を歌う。
⑧　#スマホゲー：スマートフォンでやるゲームのこと。片手で操作できるものも多く、電車の中で老若男女が親指や人差し指を動かしてゲームで遊んでいる。
⑨　#アイドル育成ゲーム：スマートフォンゲームの中でも人気が高い題材は「アイドル育成」。

私の1日はこうして始まる。好きなアニメ、憧れの絵師さん、尊いレイヤーさん、そしてスマホゲー……。大好きなものに囲まれた生活。大好きなものをもっともっと楽しむために、私は生きる。私は稼ぐ。

仕事は楽しいかっていうと正直、微妙だ。

職場について、デスクに荷物を置く。いつもの景色。やりがいがあるか、といわれると、ぶっちゃけあまりない。でも別にそれでいいと思っている。仕事は仕事だ。生きていくためにお金が必要で、だからそのために働く。ただそれだけなのだ。

そりゃストレスがないかっていうとそういうわけじゃない。お給料に満足しているかっていうと、まあほんとはもっとあったらいいなあとも思う。でも、転職しようとかそういうことは思わない。仕事ももう覚えたことのルーティーンで済むし、別に成長したいとかやりがいが欲しいとか、そういうのが全くないのだ。

総合職でバリバリ働く同い年くらいの女性を見ると、すごいなとは思うけど、やれ残業とか、やれ外回りのプレッシャーとか、そういうのは無理だし、やはり自分はそこそこに働き、そこそこにお金をもらい、定時で帰りたい。そういう思考に戻っていく。

職場は、小さな商社とはいえ職業柄、結構賑《にぎ》やかな感じだ。最初、オフィスに連れてこられたときはビビったけれど、ラッキーなことに私のいる部署は少しおとなしめの部署で、業務時間は基本、私語厳禁。電話の声や、仕事の相談などの会話はあるけれど、部署の方針で、仕事に関係のないおしゃべりはNGなのだ。個人的には、非常に、非常に、ありがたい。基本、私はひどい人見知りなので……。

普段メディアで見るような、#飲みニケーション、とか女子会ランチ、みたいなものは正直困る。そういったところで求められがちな、気配りとか、愛嬌？　とか愛想？　とかもあんまりうまくやれる気がしないし、そもそもしたくない。

いつも一緒に行動して、一緒のものを買ったり。すごく気が合うわけでない相手にもわざわざ話しかけて、相手に合わせて顔色をうかがいながら話して、私たち仲いいよね、友達だよね？　っていちいち確認する、みたいな……。そういうのは私には向いてないなと思う。

ということでランチは食堂でささっとお一人様で頂く。妹に言わせれば、私は非常に根暗らしい……。

⑩　#飲みニケーション：飲み会を通した職場の交流のこと。飲み会でもあり仕事でもある。

確かに私は#根アカな妹とは考え方や行動の仕方が違う。でも好きなものだけに囲まれて、親しい友達が数人いてくれたらそれで十分だと思うし、現にそれでなかなかに楽しく暮らしているのだ。

そんなことを考えながらランチを済ませて黙々と働いていたらあっという間に定時。会社をそそくさと後にした。今日は待ちに待った漫画の新刊の発売日だ。私が、自分の人生で「生きてる!」って感じる瞬間。それは趣味を楽しむ時間。

私の趣味、それは、とあるスポーツ漫画とそのアニメ、そして声優さん。最初は漫画だけだったのに、アニメ化がきっかけでアニメにハマり、それがきっかけで好きなキャラを担当していた声優さんにハマり、あげくの果てに#2・5次元ミュージカル化したことで最近は好きなキャラを担当していた舞台俳優さんにもハマりかけている……。#沼とはほんと、このことである。ええ、もう学生の頃からずっとファンです。

ちなみに好きな漫画は一つだけではなくて、#単行本で追いかけてるのは10作品くらい。さらに、家の本棚には完結した作品や、途中まで追いかけてたけど飽きた作品などの漫画が本棚3台分くらいあって、軽い漫画図書館状態になっている。

友人たちが泊まりにきたときにおすすめの作品を紹介したり貸したりして#布教するのも楽しい。

加えて、実は、男性キャラクター同士の恋愛を扱った#BL作品も大好きで、おすすめさ

⑪ #根アカ：「根が明るい」の略。「根暗」の対義語。ポジティブで明るい根アカの子ほど、人気者になりがちだと思う。

⑫ #2・5次元ミュージカル化：アニメや漫画など「2次元」作品を、実際に舞台俳優さんを立てて舞台作品にすること。いや3次元になってるじゃんって思いつつ、2・5にするところに原作への敬意を感じられる……。

⑬ #沼：「ハマりすぎてしまう、さらに抜け出せない、それほどに魅力的な作品」を意味する形容詞。ハマってずるずるグッズ、アニメ、イベント、舞台や声優さんにお金を使ってしまう。さらにイベントやキャラソンなど楽しみ方も多様でなかなか抜け出せないのだ……。
使用例「いやその作品は沼だから、マジで気をつけないと時間もお金も吸い取られるよ……」

⑭ #単行本：形としてある書籍。スマホアプリや、電子書籍リーダーで、電子書籍を購入して手軽に読める時代だけど、大好きな作品は手元に書籍として持っておきたい。

⑮ #布教：自分目線で素晴らしいなと思う作品（漫画やアニメ、映画など）を、友人におすすめし実際に貸してあげること。そして願わくばファンになってもらうこと。自分も「布教」されてハマることが多い。ちなみに、DVDや単行本を「自分の鑑賞・布教用」「保管用」に2個買うことも……。

⑯ #BL：ボーイズラブの略。オリジナル作品あるいは有名作品の男性キャラクター同士の恋愛を扱った漫画・小説・アニメなどの作品ジャンルのこと。

れたBL作品がきっかけで、元の作品を読み始めたこともある。#薄い本は別の本棚にしまっていて、これまた同じくBLが好きな#腐女子の友人と貸し借りをしている。イベントで買ったり古本屋で買ったり、最近ではネットでも読めるのでこちらの分野も追いかけていると本当に時間がない。いやいや本当に幸せである（微笑）。

2・5次元ミュージカルも、公演期間中は何度も行く。その公演でしか見れないメンバーだし、1回1回アドリブがあったり失敗があったり、成長する姿も見れるから、もはや元のアニメとは別物として、違う楽しみ方で見ている。同じ作品を愛するもので集い、「ときめき」や「感動」を共有できるのも醍醐味だ。一体感最高。

この前映画化をしたとき、#応援上映に参加したのも楽しかったな。#色を変えられる最先端のサイリウムで、いろいろなキャラが登場するたびにそれぞれの#キャラのカラーを光らせて、声を上げて応援したり、キャーキャーしたり。うっかり3回も見に行ってしまった。……というような感じで、ミュージカルやブルーレイボックスや、イベントなどを追いかけているとお金が必要だ。だから働かなければならない。平日夜のイベントに行きたいし漫画やアニメを見る時間も欲しいから、定時帰りはマスト。そんなこんなで私の毎日は実に充実しているのだ。

そんなアクティブなオタクライフを過ごせるのも、理解ある夫のおかげでもある。まあ他人に無関心な人、といえばそれまでだけど。夫は元々短大時代のバイト先の先輩だった。休憩時間にお互いの好きなゲームの話で盛り上がったことがきっかけで仲良くなった。それか

⑰　#薄い本：イベントなどで主に流通する、漫画・小説・アニメ・ゲームなどの作品の二次創作の同人誌のこと。BL作品を扱うものも多い。
⑱　#腐女子：ふじょし。BL作品が好きな女性のこと。年齢が上がると貴腐人と呼ばれることも……。
⑲　#応援上映：映画館で、声援OK、仮装OK、サイリウム持ち込みOKの上映会のこと。アニメ映画や、最近だと実写映画でもイベント的に実施される。まるでライブのように盛り上がれるし、値段もほぼ映画チケットと同じだから、ハマって何度も通ってしまうことも……。
⑳　#色を変えられる最先端のサイリウム：イベントなどで観客みんなで振って盛り上がれるスティック状のアイテム。最先端のサイリウムでは、スマートフォンと連携してサイリウムの色を調整できる。ネットで、一般の人が作った「作品ごとのキャラクターカラー」の設定をダウンロードして反映させることもできる、スグレモノ。応援上映のマストアイテムの一つ。
㉑　#キャラのカラー：たいていのアニメ・漫画・ゲーム作品ではキャラクターごとにカラーが割り当てられている（公式が決めることもあれば、いつの間にかファンの中の暗黙の了解的に決まることもある）。好きなキャラクターの色のグッズや服をイベントのときに着たりする人もいる。ついつい普段のアイテムも、色が選べる場合はキャラクターカラーのものを買いがち。

らなんとなく付き合い始め、そろそろかねぇなんて言いながら一昨年入籍した。

結婚式は母がどうしても！　と言うから家族だけでこぢんまり行った。なんだかんだもうそれから1年半。平日は、夫はシステムエンジニアという仕事柄夜遅い帰宅なのであまり顔を合わせないが、土日はゆっくり一緒にテレビゲームをやったり、話題のアニメを一緒に見たり。三連休があれば、一緒に見たアニメの舞台となった場所に旅行し、**#聖地巡り**をすることも。この前は秩父に行ったな。キャラクターが辿《たど》った場所を巡って様々なシーンを回想し、じーんとするのはもちろん楽しいが、そのご当地のものを食べるのも醍醐味だ。

夫に対して、大好きなキャラに抱くようなトキメキは、ぶっちゃけ感じないし、**#乙ゲー**にあるようなドラマティックな展開はないけれど、趣味にも理解があって楽しく時間が過ごせる存在でいてくれて、本当にありがたいなあと思っている。


帰宅してリビングで漫画を読み進めていると友達からＬＩＮＥメッセージが届いた。きっともう新刊を読み終えて感想を話したいのだろう。

私が休日を一緒に過ごすくらい仲の良い友人は、中学時代のクラスの同じようなヲタ友3人、一度だけ参加したオフ会で仲良くなった同い年のヲタ友２人だ。

オフ会で仲良くなった子たちとは何かイベントがあれば、一緒にチケットを取る。当日はわいわいおしゃべりしながらグッズ販売の長い行列に並んで、イベントに参加し、#反省会までがワンセット。しばらくイベントがなくて、期間が空いてしまうときは、その仲間で集まってカラオケしたり、飲んだりしている。

ストーリー展開の予想や、話題の漫画がミュージカルになったときの俳優キャスティング妄想や、キャラクターに本気で恋をしてしまっている#ガチ恋勢がいるので、好きなキャラクターとのデート妄想とかを披露し、くだらないオチを作り爆笑するひとときがたまらなく楽しい。

中学のヲタ友たちは、ジャンルが異なるオタクたちで、男性アイドルオタクの子だったり、

㉒ #聖地巡り：漫画・アニメ・映画・ゲームなどの舞台となった場所を巡る旅のこと。最近ではちょっとした地域おこしっぽくなっており、人気作品だと駅にポスターが貼られたりしていて、ちょっと嬉しい。キャラクターは実在しないってわかってはいるけど、現地に行くとちょっとしみじみしちゃう。

㉓ #乙ゲー：乙女ゲームの略。女性向け恋愛シミュレーションゲームのことを広く指す。

㉔ #反省会：なぜか反省会と称しているが、イベントなどの後にただただ打ち上げをしているだけ。

㉕ #ガチ恋勢：本気で作品のキャラクターや芸能人に恋をしてしまっている人のことを指す。その相手のことを悪く言わないようなるべく気を遣う。

#踊り手にのめり込んでる子、同じアニメオタクだけどエンディングテーマソングを担当していたことがきっかけでビジュアル系バンドにハマった#バンギャの子……。彼女たちの影響でそれぞれの分野の最新トレンドを仕入れているから、実は私、いろんなことにちょっぴり詳しい。

ふぅ、新刊読み終わってしまった。最高かよ。衝撃的な展開を迎えたと思ったら、いいところで次の巻の予告になってしまった……。これは、早く、続きが読みたい。でも不思議と心が満たされて、ああやっぱりこの作品最高……生まれてきて良かった……。

こんな感じで、振り返ってみると、やはり私の毎日は「大好きなもの」で埋め尽くされている。次のアニメイベントや、新たな映画化、ちょっと気になってる舞台俳優さんの別作品の2・5次元ミュージカルも決まって……いやはや、またお金が飛んでいきそう。でも大好きな作品は、本当に素晴らしいから、徹底的に愛《め》でたいし、そのために、しかるべきお金を払いたいと思う。大好きな作品は、新たなアニメやグッズやミュージカル展開をして、もっともっと多くの人に知ってほしいから。展開を広げてもらうことで、私もずっとずっと楽しんでいきたいし。

だから、働くのは好きではないけど、なんだかんだ趣味に使うお金がほしいから、仕事は細々続けるだろうなあとは思う。でもなにより思うのは、やっぱりおばあちゃんになっても好きな作品でキャーキャー楽しんでる、そんなふうに生きていきたい、ということ。このワクワクと、ドキドキを、ずっと大事に、大切に、生きていけたらいいなあーなんて。そう、思っている。

愛しい新刊をぎゅっと胸に抱きしめて、ソファにごろんと寝ころんだ。うん、もう一回読み返そうっと。

㉖　#踊り手：ニコニコ動画で主にダンス動画で活躍する人のこと。
㉗　#バンギャ：ビジュアル系バンドが好きな女性のこと。

キャリジョクラスター・ファイル4
仕事一筋のスペシャリスト【プロキャリ】

【プロキャリ】は、働くことが生きがいのクラスター。専門性・技術を活かして仕事にストイックに打ち込むプロフェッショナルなキャリジョということで、プロキャリと命名しています。プロキャリの「満足度」も「貪欲度」もやはり、仕事がずば抜けて高いことが見てとれます。

「仕事が好きである」という項目のスコアが、平均に比べて2倍近く高い、根っからの仕事好きなプロキャリ。彼女たちの仕事に対する意識をもう少し見ていくと、「どんな形でも仕事をしていたいと思う」が平均より約20ポイント以上も高いことがわかります。また、「仕事を長く続けるためには、手に職があった方がよいと思う」も平均より高い数字に。資格取得や専門領域での経験を積むなど、仕事を長く続けるための努力を惜しまないタイプが多いのでしょう。

プライベートの時間も大事にしてはいるのですが、働いている時間以外も、仕事のための人脈作り・自己啓発や自分磨きに充てているよう。「現在、仕事が生活の中心である」という人が非常に多いことも納得です。「人に感謝されることが仕事の喜びだ」「社会に貢献できる仕事がしたい」という項目が高いプロキャリにとって、仕事の最大のモチベーションは周りからの感謝や、頼られること。自分が世の中に対して、どう貢献できるかを大事にする真面目なクラスターでもあります。

仕事以外も見てみましょう。「周囲に左右されず、自分の好みで商品を選ぶ」が平均より高いです。自分なりの基準や視点を明確に持っているクラスターと言えます。また、「貯蓄することを重視している」という項目も高め。何事もコツコツ努力を怠らないプロキャリの場合、節約家というより、将来に向けて備える意識の方が高そうです。買い物も計画的な人が多そうですね。

恋愛・結婚面を見てみると、「必ずしも結婚（入籍）する必要があるとは思わない」が高めです。仕事第一のプロキャリにとって、結婚は必ずしもゴールではなく、いい人がいればしたいという程度の意識なのかもしれません。周りに流されず、自分の判断で堅実に生きる、自立的な女性なのです。

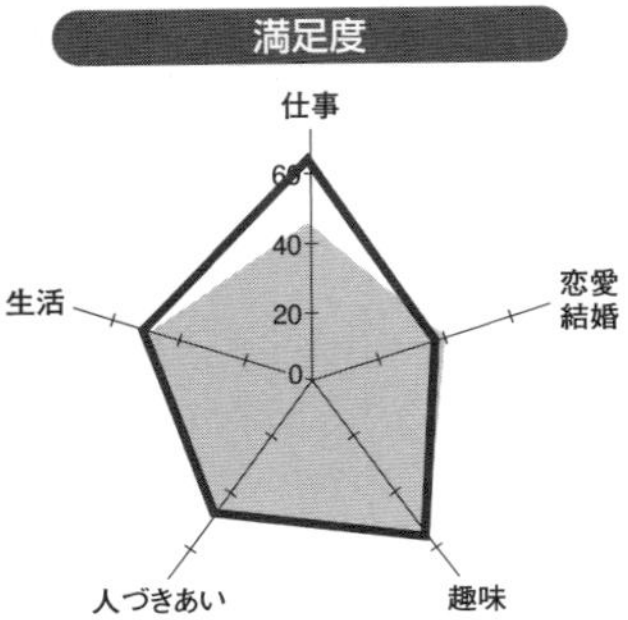
満足度
仕事
恋愛
結婚
趣味
人づきあい
生活
0
20
40
60

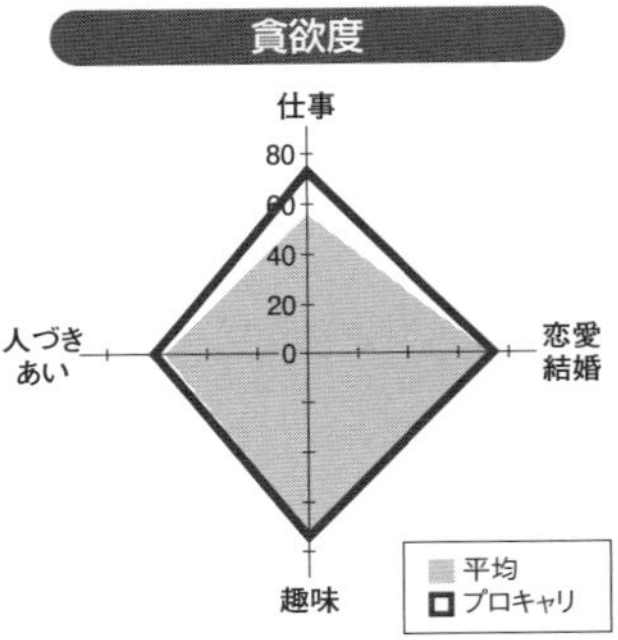
貪欲度
仕事
恋愛
結婚
趣味
人づき
あい
0
20
40
60
80
平均
プロキャリ

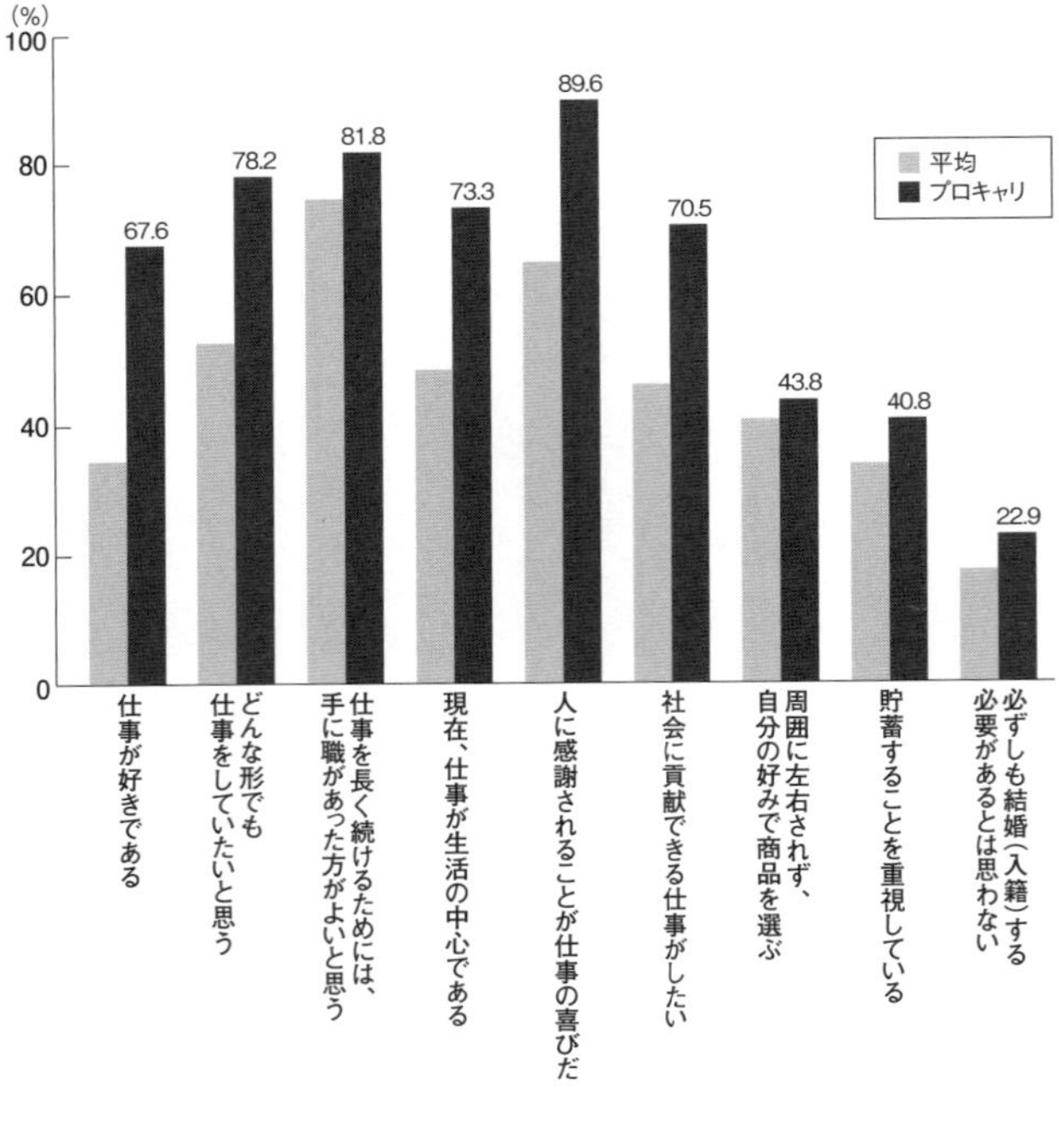
(%)
100
80
60
40
20
0
平均
プロキャリ
67.6
78.2
81.8
73.3
89.6
70.5
43.8
40.8
22.9
仕事が好きである
どんな形でも仕事をしていたいと思う
仕事を長く続けるためには、手に職があった方がよいと思う
現在、仕事が生活の中心である
人に感謝されることが仕事の喜びだ
社会に貢献できる仕事がしたい
周囲に左右されず、自分の好みで商品を選ぶ
貯蓄することを重視している
必ずしも結婚(入籍)する必要があるとは思わない

あたしは、
もっとできる。

仕事一筋のスペシャリスト プロフェッショナルキャリアの
プロキャリ
（13.3%）

年齢：27.4歳
（20代後半が少ない）

年収：333.0万円
（7クラスター中6位）

おこづかい：35,630円
（7クラスター中7位）

職業：技術・専門職が多め

●プロキャリのかばんの中身●

- 黒のシンプルな長財布
- 分厚い革手帳（マンスリー、バーチカル、デイリーといろいろ書き込める）
- 資格の本、筆記用具、ノート、メガネ（いつでも勉強できるように）
- 読書用の本（自己啓発系）（通勤中はこっちの本を読む）
- ミニ家計簿（レシートをもらえないこともあるので使ったらできるだけその場でメモ）
- ファンデーション、リップ（最低限の化粧直し用）
- プレーンな無地のお弁当箱

社会保険労務士
試験
過去問集

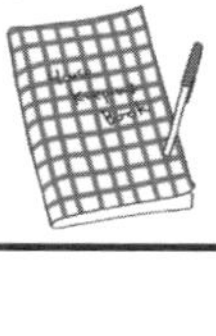

プロキャリ3箇条

一、仕事が大好きで、できるだけ長く仕事をしていたい。

二、買い物はブランドや周囲の評価にとらわれず、自分目線を大事に。

三、パートナーとはフラットに。結婚や恋愛にもこだわらない。

プロキャリ早川瞳の日常　～長く働き続けるための秘訣～

34歳、IT系（ソフトウェア）会社勤務。専門職。
中央区女子。未婚。一人暮らし。

どこに住んでいても、ずっと働ける職種と思って、経理の仕事を選んだ。私の人生におけるテーマは「長く働くこと」だ。

たまに思う。もし好きになった相手に「仕事を辞めてほしい」と言われたら受け入れられるか、受け入れられないか。逡巡《しゅんじゅん》した末、毎回同じ結論に行き着く。やっぱり無理だ。私は働くということが好きなのだ。

ただ、仕事は大好きだけど、仕事をがんばるためにはプライベートも大事だと考えている。あと、健康・身体が資本。最初に入社した会社はとにかく忙しかった。

平日は深夜まで働きっぱなし、休日もない。プライベートの時間も持てなかった。そんな中でも、仕事でできることが増えること、誰かから「ありがとう」と言われることが嬉しくて、不満はなかったが、知らぬ間に無理をしていたらしい。ついに身体を壊した。体力には自信があっただけに、ショックだった……。

療養期間中、気持ちは働きたくても働けなくなることがあるということを学んだとともに、早く働きたいと思う自分に気づき、どうやったら長く働けるのか、を考えるようになった。仕事が好きというのは変わらないが、私の仕事観の転機となった。

今の会社は新卒から数えて3社目だけど、プライベートでうまく息抜きしながら大好きな仕事をがんばっている。今の会社は9時始業、終業が18時だ。自分でいうのもなんだけど、昔に比べて毎日が充実しているし、今のところ、何にも不満はない。

元々、仕事を長く続けるためには、**#手に職**、資格が必要と思っていたため、働き始めた当初に、簿記の2級を取得した。経理の仕事をする中で、雇用保険の仕組みなどに興味を持ち、**#社労士**の資格も取った。法学部を卒業した経歴と知見が意外なところで活きている。

---

① #手に職：イマドキ何があるかわからないので、人生に保険をかけておくに越したことはない。
② #社労士：「社会保険労務士」の略。人材に関するエキスパート。企業における採用から退職までの労働・社会保険に関する諸問題や年金の相談に応じるなど、業務の内容は広範囲に及ぶ。

そして最近、新たに特定社労士というもう一つ上の資格を取得しようと思っている。毎週末、朝9時半から17時までみっちり講習があり、さらにその合間に試験勉強もしないといけない。大変と言えば大変だけど、そんなに苦じゃない。友達にはせっかくの休みの日まで勉強しているの⁉　と驚かれるけど、せっかくの休みの日にぼーっとしている方が時間の無駄じゃない？　でも休日まで仕事のために勉強をするということは、やっぱり私にとっては、仕事が大切な生活の一部なんだろうなぁ。講習に参加している場所が都心だから、合間にショッピングしたり、ライフスタイル系イベントに参加したりしている。時間は1秒たりとも無駄にしたくない。

働いていたい理由は、社会に対して「価値を生み出していたいから」。

自分の存在価値を示すものとして、仕事がある。仕事をする上でのモチベーションは、身近な人の助けになれているかどうか。社会貢献にも興味はあるが、そんなに高尚な志があるわけではない。だから、漠然とした遠くの世界のことではなく、**#身近な誰かの役に立つこと**が私の仕事をする上でのやりがいにつながる。経理で働いている今も社内の人の役に立てることが嬉しくてこの仕事をしている。人から感謝されることが何よりの生きがい！　特定社労士の資格を取れたら、労働環境を円滑にするスペシャリストとして、もっと人助けができるかもなぁとか、そんな先の自分を妄想しながら勉強する毎日。

身近な人を助けるのが働くモチベーションとは言え、基本的にはがんばっている人を見ると、応援したくなる。普段の生活でも、スポーツ選手のドキュメンタリー番組で鼓舞されたり、募金ボックスを見つけると、ついつい募金してしまったりする。


身体が資本の私は、早起きが日課だ。朝5時に起床し、まず会社に持って行くためのお弁当作り。一人暮らし歴も長いので、料理はまあまあできると思う。朝からきちんと栄養とエネルギーを摂って仕事に臨みたいので、朝はごはん派だ。みそ汁や焼き魚などもさっと用意して朝ごはんを食べた後は、ゆっくり日経新聞を読む。前の会社では保険の営業をやっていたから、お得意先との会話のためにも、世の中の動きや時事に詳しくないといけなかったのだ。そのときの習慣がいまだに残っている。

家事を終えた後は、日課の**#ラジオ体操**。

③　#身近な誰かの役に立つこと：ありがとうと言ってもらうことが何よりのやりがい。
④　#ラジオ体操：小学生のときは夏休みなどに毎日やらされていたラジオ体操。実は第3もあるって知っていましたか？

ヨガも#ピラティスもランニングも続かなかった私が、唯一続けているのがラジオ体操（5年続いている！）。ただの体操だと侮るなかれ。本気でやると汗をかくぐらいきつい。朝からいろいろやっているように感じるかもしれないが、毎朝の習慣なので、実は大して時間はかからない。そうして朝8時前には家を出て、会社に向かう。

通勤中にも、本を読んだりして頭のウォーミングアップはバッチリなので、朝からフルパワーで仕事に取り組む。そして、午前中の仕事を終えると、12時に昼食。

家から持参したお弁当を食べ終えてから向かう先は、会社近くの図書館。文庫や話題の本を一通りチェック。新聞の見出しや#本屋大賞で気になっていた新刊の貸し出し予約を完了。手元に届くのは半年先ぐらいかなぁ。仕事以外の時間も無駄にはしたくない。だから、ちょっと時間があれば興味のあることに費やすようにしている。読書は私にとって、うってつけの趣味なのだ。

わざわざ外に食べに行く時間がもったいないから、お昼はお弁当持参。また、お弁当持参の同僚と一緒に食べると、お昼休みを昼食だけに使ってしまうことになるので、基本的には一人でごはんを食べるようにしている。本屋も行くには行くけれど、若い頃みたいに美容誌や女性誌を大量買いすることはなくなった。だって場所をとるから。それなら、本屋で一通り立ち読みして、情報を取捨選択し、どうしても気になるものがあれば買う方が経済的で効率的。

ネットでの情報収集も、もちろんする。例えば、雑誌系のオンラインサイト。主にライフスタイル情報をチェック。#読者ブロガー100人隊の手作り部というみんなが買ったものや手作りしたものを紹介するコンテンツを読んでいる。私自身、フラワーアレンジメントやモノづくりが趣味なので、そういう情報をチェックすることが多い。

SNSももちろん、Twitter、Facebook、Instagramと一通り登録している。でも自分の情報や写真をアップすることはほぼない。基本的に見る専門。だって、自分で写真をアップし始めると、それが義務になりそうだから。私は時間があるならそれを別のこと、興味があ

⑤　#ピラティス：ドイツ人従軍看護師であるジョセフ・ヒューベルトゥス・ピラティスによって開発されたといわれるエクササイズ。元々は負傷している兵の筋力の低下を防ぐために生み出された、身体のインナーマッスルを鍛える運動。ヨガと並ぶ女子に人気の2大エクササイズ。

⑥　#本屋大賞：「売り場からベストセラーをつくる」がコンセプトの書店で働く書店員の投票で決定する新刊書の大賞。書店員自身が読んで「面白かった」「お客様にもすすめたい」と思った本を選び投票。

⑦　#読者ブロガー100人隊：リアルな視点でおすすめのアイテムやライフスタイルが垣間見れる読者隊。その中で人気が出ると、その人に関する特集が組まれることも。

ることに使いたい。インスタグラマーやインフルエンサーの投稿ももちろん見るけれど、その人に憧れるというよりは、その人の投稿しているお店をチェックするぐらいかな。自分と違う世界で生きている人の情報には、自分にはない視点があり、非常に勉強になる。

お昼休みが終わって仕事に戻り、集中しているとあっという間に終業の18時。

残業することはほぼない。会社が終わってからの過ごし方は当選した試写会に参加したり、買い物したり。仕事に関係しない時間もちゃんと持つようにしている。だが、若い頃のように合コンに顔を出したり、友達と飲みに行くことも少なくなった。友達はみんな結婚して家庭があるから、時間が合わないのもある。

買い物は、会社帰りに行きやすい丸ビルですることが多い。カバンやジュエリーには興味がなくて、もっぱら買うのは洋服。値段やブランドに関係なく、かわいい！　欲しい！　と思ったら買うことが多いかな。周りの評価より、自分の好みや品質の良さを重視する。

年齢とともに美容への関心も高まってきたから、雑誌で気になった美容アイテムはとりあえず化粧品カウンターでチェックして、よければまずは買うようにしている。とはいっても、ある程度高いものは衝動買いはしないので、欲しいと思っても一旦家に帰ってから考える。

あまりに多くの人が使っているものよりも、自分だけの掘り出しものを探すのが好きなので、新商品で良いものを見つけると密かに嬉しい。

あと病気や事故など、万が一のときに貯蓄がないのはイヤなので、なるべく普段の生活で節約できるところはしている。家計簿も持ち歩いているし、食費は1週間ごとに決めて、食材にかかるお金はなるべく抑えるようにしている。健康のことを考えてほぼ自炊なので、外食にかかるお金はほとんどない。

もちろん貯金は毎月一定額している。実は#財テクもやっていて、#FXにハマって5年で200万たまったのがちょっとした自慢でもある。職業柄か性格なのか、普段から数字に強く、お金もきっちりしないと気が済まないから、友達とごはんに行ってもいつも私が精算係。パパパッと割り勘できると、無駄に達成感を感じる（と友達に話すと、不思議がられる）！　ただ、男性の前でつい癖で先にお会計の計算をしてしまうと、気まずい思いをさせ

⑧　#財テク：個人が証券や不動産の投資で資金運用を行うこと。今ではおじさんだけじゃなく、女性や若い人も気軽に参加。
⑨　#FX：Foreign Exchange の略。正式には外国為替証拠金取引。外国通貨を交換・売買し、その差益で利益を得ることを目的とした金融商品。

てしまうこともあったりする（苦笑）。

会社から帰宅してからは、週末に用意した#常備菜を組み合わせて夕飯を準備し、食べながら読書したりテレビを見たり。大河ドラマが好きなので、必ず毎クール見ている。#歴ジョとまでは言わないけど、人よりも大河オタクではあると思う。なかなか同性とは話が合わないのだけど。友達が歴代大河ドラマのオープニングソングのCDを聴かせてくれたときはテンションが上がった！　クール毎の新しいドラマは初回だけ見て、継続するかどうか決めるかな。

週末の過ごし方も平日とはそんなに変わらない。

朝は必ず5時に目が覚める。起きようと思っていなくても目が覚めてしまうのだ。激務だった頃、自分の時間が朝にしか持てなくて、それ以来、朝の時間を有効活用しようと思って自然にそうなってしまった。

週末は、フラワーアレンジメントのワークショップやモノづくり教室に通っている。今までに、ヨガやピラティス、フラダンスや和太鼓（！）など趣味・習い事と言われるものは一通りやってみた。元来興味があったらまずはやってみる性格なのである。長い休みがあると、国内旅行もするけど、最近は全然行けていないなぁ。

恋愛とはしばらく疎遠だ。

もちろん、結婚について全く考えないわけじゃない。でも結婚だけがすべてではないと思っている。自分の大事なことを譲歩してまでしたいとは思わないし、結婚している友達と自分を比べることもない。結婚できてもできなくてもいい。相手の職種はこだわらないし、年収も年齢も気にしない。20代の頃よりも、求めるものは少なくなったと思う。

もちろん働いてはいてほしいけれど。仕事をがんばっている人がいい。対等な関係を築ける人、お互いに自立した関係でいられる人がいい。

以前の彼は、勉強会で知り合った人で、休日も仕事のために勉強したり、スキルアップをしたりしている姿勢が私と似ていて、付き合い始めた。ただ、将来の起業に向けて準備をしていて、非常に忙しい人だった。

付き合いが長くなって慣れてくると、私との時間よりも仕事が優先になることが多くなっ

⑩　#常備菜：作り置きのおかずのこと。何種類か用意すると、組み合わせを変えながら1週間くらい食べ続けても飽きないように工夫できる。

⑪　#歴ジョ：歴史に深く精通した女子のこと。歴史的なスポットを巡る旅行も人気。

た。少し仕事がうまくいかなくて私が落ち込んでいるときも、そばにはいてくれなかった。

自立が大切とは言え、お互いが困ったら支え合える関係ではあってほしい。両親がそういう関係だったから、たとえ離れていたとしても相手を大事に思える人、家族を大事にしてくれる人がいいと思う。あ、あと生活する大変さをわかる人がいい……って意外に求める条件が多かった。

もし将来結婚しなかったら？　そうしたら、妹のところにお世話になろうと思っている。妹はもう結婚しているけど、大丈夫だと勝手に思っている。

私の家族は、兄が一人、妹が一人で実家は四国。いつかは実家に戻りたいと思っているけど、独身でバリバリ働いてきた、気が強い出戻りを雇ってくれるところなんて保守的な田舎にはないよ！　と妹に釘を刺されている。まあそうなったらそうなったで、このまま東京で暮らしていくのかな。大学入学と同時に東京に来て、十数年。それはそれで悪くないかなと思っている。

いい人が見つかれば、急に結婚もあるかもしれない。そして、その人の仕事が転勤する職種だったら、関東でも四国でもない場所に住むことになるかもしれない。でも、一人だろうと、どこに住もうと働き続けられるよう資格取得と実務経験を培ってきたのだから、どんな状況でもきっと大丈夫。

そう思いながら、今日の分の勉強を終えてノートを閉じた。

キャリジョクラスター・ファイル5
自分磨きで玉の輿を夢見る【乗っキャリ】

こちらのキャリジョクラスターは、かつての〝腰掛けＯＬ〟の現代版。自分でガツガツ働いて稼ぐよりは、経済力とステータスのある男性と出会い、その男性の人生に〝乗っかりたい！〟という意識が特徴的であることから【乗っキャリ】と名付けました。

仕事や趣味の「満足度」はそこそこ。生活・人づきあいには少し「満足度」が高めの様子。一方で「貪欲度」は、恋愛のみ平均を上回る結果に。今の生活や人づきあいへの不満は、ステキな恋愛や結婚ができれば解決できる！　と思っているのかも。

そんな乗っキャリは、どのような女性なのでしょうか。まずは彼女たちがメラメラと意欲を燃やす恋愛の意識から。「女性は、結婚相手によって人生が大きく変わると思う」が平均超え。パートナーに求めることは、「年収・貯蓄額の多さ」と、「職業の安定度」。〝経済力＆ステータス〟のある男性と結婚して、ステキな人生を送りたい！　という意識が表れていますね。昨今、低姿勢・低依存・低リスク・低燃費な〝四低男子〟が人気と言われていますが、乗っキャリはそのような男性には興味がなさそう。実際に、「玉の輿に憧れる」という意識も高くなっています。

また、「自立した女性はかっこいいと思うが、なりたいとは思わない」が平均より2倍近いスコア。やはり、自分でガツガツ働くというよりは、結婚相手に〝乗っかり〟たい様子。そんな彼女たちですが、「仕事で周りに評価されたい／褒められたい」という気持ちは強く、実はちゃんとモチベーションを持って働いているんです。ただ「仕事は嫌ではないが、特に好きでもない」という気持ちも非常に強いので、仕事そのものが好きというわけではないようですが……。

最後に、彼女たちの好きなことや趣味について見ていきましょう。「スキンケアやメイクは自分自身を前向きにするものだと思う」が高く、「実際の年齢よりもできるだけ若く見せたい」など、美容には意欲的に取り組んでいるようです。ただし、「男性の目を気にしてファッションやメイクを選ぶことがある」「周りから〝浮かない〟格好をしたい」など、ここでも、モテや結婚のためという気持ちが見え隠れしています。

自分磨きで
玉の輿を夢見る
乗っかりキャリアの
乗っキャリ
(15.1%)

年齢:27.4歳
(20代後半が多い)

年収:348.2万円
(7クラスター中3位)

おこづかい:50,651円
(7クラスター中1位)

職業:一般職の事務系

乗っキャリ3箇条

一、結婚は〝世間体〟重視! 経済力&ステータスを求める。

二、職場は環境重視(特に人間関係)。

三、みんなに嫌われたくない! 気配り上手な同調型。

●乗っキャリのかばんの中身●

- **ピンクのオトナかわいい折りたたみ財布**
  (大好きなブランドものでご褒美購入)
- **パステルカラーのメイクポーチ(姫系コスメが入っている)**
  (化粧直しは1日2回。気分が上がるパッケージのものをチョイス)
- **ビタミン剤が入ったピルケース**
  (美容のためにサプリも常用)

- **ブランドのタオルハンカチ、ケース入りティッシュ**
  (女子のたしなみとしてハンカチは2枚持ち!)
- **絆創膏**
- **裁縫道具**
  (困っている人のために持ち歩き)

- **小さめな花柄のお弁当箱**

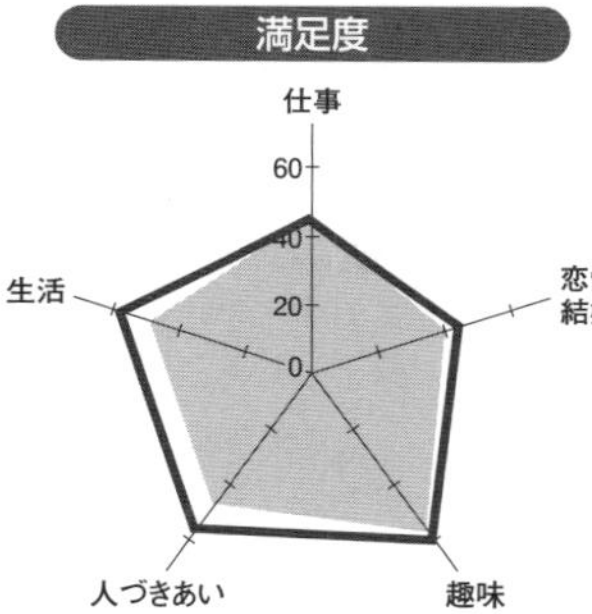
満足度
仕事
恋愛結婚
趣味
人づきあい
生活
60
40
20
0

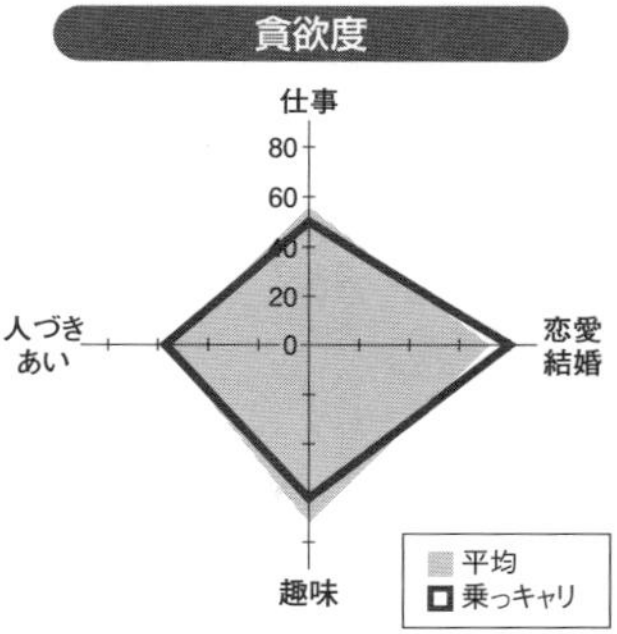
貪欲度
仕事
恋愛結婚
趣味
人づきあい
80
60
40
20
0
平均
乗っキャリ

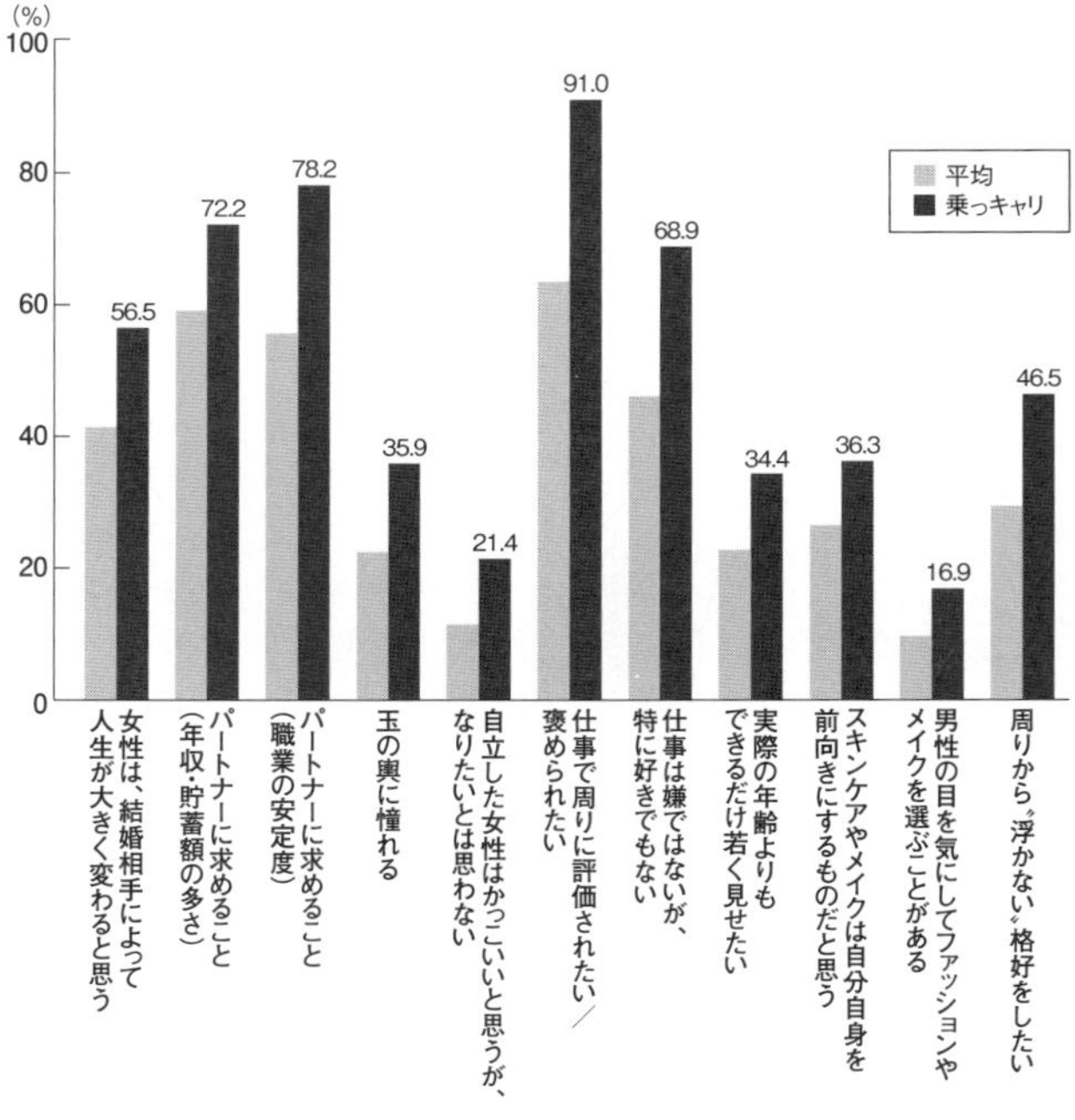
(%)
100
80
60
40
20
0
平均
乗っキャリ
56.5
72.2
78.2
35.9
21.4
91.0
68.9
34.4
36.3
16.9
46.5
女性は、結婚相手によって人生が大きく変わると思う
パートナーに求めること(年収・貯蓄額の多さ)
パートナーに求めること(職業の安定度)
玉の輿に憧れる
自立した女性はかっこいいと思うが、なりたいとは思わない
仕事で周りに評価されたい／褒められたい
仕事は嫌ではないが、特に好きでもない
実際の年齢よりもできるだけ若く見せたい
スキンケアやメイクは自分自身を前向きにするものだと思う
男性の目を気にしてファッションやメイクを選ぶことがある
周りから〝浮かない〟格好をしたい

乗っキャリ小林愛美の日常　〜いい子なだけじゃ、ダメですか?〜

31歳、カード会社勤務。一般職。

西東京市女子。独身。彼氏なし。実家暮らし。


めざましテレビの時計が7時30分に変わったところで、私は重い腰をようやくあげた。

「お母さん、ごめん。食器洗う時間ないやー」と、洗面所で洗濯をしている母親に、届くか届かないかくらいの声で一応謝罪をしておく。まあ、元々食器を洗うつもりなんてなかったのだけど。

ただでさえ**#憂鬱な月曜日**の朝だと言うのに、起きてすぐに、Facebookなんて開くんじゃなかった。もはや冠婚葬祭のニュースくらいしかあがってこないのに。私も学ばないやつだなあ。

〝お世話になっているみなさんにご報告……〟〝私事で恐縮ですが……〟もう何十回、何百回と目にしたありきたりなフレーズ。それだけならここまで落ち込むこともなかったと思うけど、大学時代、同じゼミだった沙也加が、ラグジュアリーブランドの大きな指輪をこれ見よがしにあげていたから、ついつい、持ち前の**#ソーシャルパトロール**力を発揮して、旦那の職業・スペックを確認してしまった。

沙也加は、大学時代は化粧っ気もなくてとにかく地味で、パッとしない子だった。確か就職先は、どこかの損保の一般職だったと思う。そんな沙也加が、3歳年上の商社マンとあれよあれよという間に結婚していた。しかもその旦那は**#幼稚舎組**で、実家は都内にいくつかマンションを持っているらしい。いいなあ。商社マンっていうだけでも憧れるのに、家柄が良くて学歴も高い旦那なんてずるい。旦那の海外赴任のタイミングだったのかな。だとした

---

① #憂鬱な月曜日：通称ブルーマンデー。会社に行きたくない病のこと。決して仕事が嫌いなわけではないけど、特に好きでもないからなんとなく気分が晴れない。

② #ソーシャルパトロール：略称ソシャパト。SNSをフル活用し、知人友人の近況のみならず交友関係を把握すること。

③ #幼稚舎組：名門私立の小学校出身者ということ。いわゆる〝超〟お坊ちゃま。幼稚園児の頃から複数の塾や体操教室に通い「お受験戦争」を勝ち抜いた教育熱心な家庭であることと、高い学費である私立に小学校から通わせることができるという財力の高さを意味する魔法の言葉。

ら、きっと沙也加は仕事を辞めてついていくんだろうなあ。#駐妻ってやつの仲間入りですか……。

ああ……朝のたった数分のソーシャルパトロールでここまで情報収集をしてしまうとは。私のスキルもだいぶ向上してきたな。なんて、自慢している場合ではない。また一人、独身仲間が減ってしまったんだから。

イマドキ、SNSはもう楽しいだけの場所じゃない。でもやっぱり知人の動向が気になってついつい見てしまう。Facebookでの結婚報告は、30歳をピークに最近はだいぶ減ったと思う。今はやっぱりみんなInstagramの#ストーリーを使っている。

ストーリーって、最初はよさが全然わからなかったけど、24時間で消えることと、位置情報が入れられることで、嫌味なく自慢をしたい#全包囲モテ志向な女子たちの気持ちをうまくついているんだと思う。仕事中の休み時間に開くと、たいてい育休中の友達が、さりげなく#港区女子アピールをしている。

「ヒルズで娘と二人デート」「ママ友とご近所の#テレ朝夏祭りに来ました!」

はいはい、港区にしょっちゅう行ってることを自慢したいのね。そして、ママになっても独身時代と同じようなお店に出入りできるくらい、余裕のあるライフスタイルだって自慢したいのね……。いわゆる、**#かつての玉の輿**とされていた商社マンや弁護士、医者は、それこそ沙也加みたいにちょっと地味だけど堅実な〝いい子〟を選んでいる感じがする。対して港区女子の旦那さんは、ベンチャー企業の社長や外資の金融が多く、**#平成の玉の輿**だ。

④ #駐妻：夫の海外転勤に帯同する、駐在員の妻のこと。プールやメイド付きの高級マンションに住んで優雅な生活を送ることができる〝セレブ妻〟のイメージが強く、憧れる女性は多い。
⑤ #ストーリー：Instagramに2016年8月から導入された機能。通常のフィードとは別に、24時間で自動消滅するため、気軽に写真や動画を投稿することができる。
⑥ #全包囲モテ志向：いつの時代にもいる、男性モテだけでなく、女性からのウケも気にしている女子のこと。媚びすぎないのにモテる女子。
⑦ #港区女子：東京都港区周辺に出没し、芸能人・経営者・エリートサラリーマンと交友関係を築いている女子のこと。決して自分自身が港区に住んでいるわけではない。大学のミスコン出身者やサロンモデル・読者モデル・インスタグラマー的なことをしており、職業は謎なことも多い。好物はシャンパン。ハイスペックな男性と結婚することがゴール。
⑧ #テレ朝夏祭り：テレビ朝日・六本木ヒルズで催される夏のイベント。平日は子連れの港区ママ、週末は大学生の若いカップルと郊外のファミリー層が出没することが多い。
⑨ #かつての玉の輿：商社マンなどの有名企業に勤めているか、弁護士などの士業や医者などの国家資格保有の仕事に就いているなど、誰が聞いても「高収入！」とわかるような職業の男性に嫁ぐこと。
⑩ #平成の玉の輿：ベンチャー企業の社長、インセンティブで稼ぐ外資リーマンなど、〝イマドキ〟な職業の男性に嫁ぐこと。

そんな私も、そうした投稿が正直羨《うらや》ましい気持ちも否めない。一億総活躍の時代と言えども、やっぱり女性は結婚相手によって人生が大きく変わると思う。だからどうしても、友達の旦那がどんな人なのか気になって仕方ない。#Facebookのステータス情報に旦那の名前が載っていなくても、いろいろ検索をかけて人物特定する術を身につけてしまった。

大学を卒業してから、もうすぐ10年。その間、一度も会っていない友達のことだって、SNSで定期的にパトロールしているからだいたい把握できている。SNS私調べによると、周りの女友達は、独身4割、既婚6割っていう感じ。はあ、私は今、その4割の中にいる。こんなはずじゃなかったのにな……。なんで、こうなっちゃったんだろう。そんなもやもやで、また1週間が始まる。

通勤電車に揺られながら、「私はいつまで実家暮らしを続けるんだろうなあ」とぼんやり思ってみたりする。

私は東京生まれ、東京育ち。って言えば聞こえはいいけど、実際は西東京市、駅で言うと西武池袋線の保谷が最寄りだったりする。保谷駅からは歩いて12分かかるのがネック。

一人暮らしに憧れたこともあったけど、好きに使えるお金が減るのは困る。何より実家は楽だ。掃除・洗濯・料理はもちろん、駅まで歩くのが億劫なとき、たまに母親が車で駅まで送迎してくれるのだ。都心までのアクセスが悪いことを除けば、やっぱり実家最高！　あ、これが#**パラサイトシングル**ってやつか。

でも、今までも甘やかされて育ったし、今さら性格は変えられないって思う。3歳上の姉は、「ザ・長女」って感じのしっかり者で、頭も人当たりもよくて、何もかも完璧だった。中高は私立の進学校、大学も難関私立へ。そしてメーカーで総合職としてバリバリ働いている。30歳のときに、同期と結婚し、今は2度目の育休中。絵に描いたような順風満帆な人生で、今を代表する#**ワーママ**だなあと思う。

それに比べて私は、姉が入った進学校へは入れず、地元の中学、高校を経て、特に行きた

⑪　#Facebookのステータス情報：名前、年齢、学歴、職歴、婚姻状況。そしてパートナーの名前を公表している場合は、パートナーのプロフィールページに飛べる。

⑫　#パラサイトシングル：社会人になってからも実家暮らしで、基礎的生活条件を親に依存している独身男女のこと。収入の多くをいわゆる〝お小遣い〟として使えるため、一度その生活の楽さにハマってしまうとなかなか抜け出せない。

⑬　#ワーママ：「ワーキングママ」の略。子育てしながら働く女性の総称。フルタイムママもいれば、時短ママもいる。ワーママと一口に言っても、そのスタイルは多岐にわたる。

い大学もなかったから無理せず入れるレベルの私立大学に。そんな私はもちろん総合職を目指すこともなく、カード会社の一般職として働いている。

本当は、自分が興味のあるファッションや美容に携わる仕事をしてみたかった。できればPRとかマーケティングみたいなことをして、百貨店に入っているような海外ブランドがいいな……なんて。でもすぐに学歴もそこそこで、英語の話せない自分には無理だなあって思った。姉みたいな自立した女性がかっこいいなあって思ったりもするけど、なりたいとは思わない。人には向き不向きがあると思うから。働くこと自体は嫌いでもないので、私は、出産後はゆるーくパートでお小遣い稼ぎ程度に働ければいい。

最近は、**#婚活アプリ**にハマっている。このご時世、ハイスペックな男性でも、出会いがない職種だと登録していることも多いし、アプリでも結構いい男性がいるらしい。

もちろん、はじめは抵抗があった。そもそも、出会いを目的とした場で出会って付き合うのはイヤだった。初めての彼氏は、大学時代のサークル仲間。2人目の彼氏は、居酒屋バイトで出会った私立Bランク大学の1学年上だった。彼が社会人になって地方転勤になったときは、もう終わりかと思ったけど、なんだかんだで7年間付き合った。当然、私はその彼と結婚すると思っていたし、お互いの両親にも会わせていた。

転機は、27歳の誕生日。

「いつもよりちょっと大人っぽい格好で来てね」と言われて、ついにこの日が来た！　と舞い上がった私は、女友達を巻き込み、誕生日デート用のワンピースを買いに走った。

表参道のおしゃれなイタリアンでお祝いしてもらって、ベタにデザートプレートと同時に花束が出てきたりして。だけど、肝心の私が求めていた**#ライトブルーのボックス**は出てこなかった。代わりに、ビックカメラの大きな袋が出てきて、入っていたのは当時大流行していた**#美顔器**。

「愛美、ずっと欲しがってたでしょ？　アラサーなんだから、こういうの喜ぶかと思って」

⑭　#婚活アプリ：出会い系サイト以上、結婚相談所未満。〝結婚を前提にお付き合いする人を真剣に探しています〟という人が多く登録している。SNSと連携していたり、登録する際に本人確認審査があったりすることが多く、真面目な出会いツールとして使う人が急増中。

⑮　#ライトブルーのボックス：あのブランドを象徴する色に女子はみんな憧れる、指輪の入った魔法のボックス。

⑯　#美顔器：スチーム機能を搭載しており、洗顔後の保湿や、睡眠中に活用する。イマドキ女子のマストアイテム。意識高い系女子は、オフィスのデスクに置いていることも。

今思えば、なんて健気《けなげ》でいい人なんだろう。きっと、「27歳　誕生日」「アラサー　ほしいもの」とかで検索して、わからないなりにいろいろ考えてくれていたと思う。

だけど、私が欲しかったのは、全然違うもの。

それを機に、私は彼に結婚を匂わせるようになってしまった。

「最近、同期が結婚ブームで」「#パレスホテルで式を挙げるなら、20代のうちじゃないとシワが目立つらしいよ」「家のローンのこと考えると、やっぱり挙式は早く済ませておいた方がいいらしいよ」

彼の気持ちを全く無視して、薄っぺらい情報を並べては、彼をどんどん追い詰めていった。

そんな私たちの関係は長く続くわけもなく、次の誕生日を迎える前に私は手ひどく振られてしまう。

「愛美のことは嫌いじゃないけど、今は結婚しようと思えない。ごめん。愛美は普通にいい子だから、きっと〝30歳までに子どもを産む〟っていう夢を叶えてくれる、他の人が見つかるよ。だから別れよう」

〝普通にいい子〟って何？　なんで〝いい子〟なのに結婚してくれないの？

当時の私には、その言葉の意味が理解できず、とにかくパニックで泣きじゃくるしかなかった。「あなたがいないと生きていけない」「悪いところがあったら全部直すから、教えて」と、わんわん泣き叫び、とにかく別れたくないと懇願した。

けれど、7年間の恋の終わりなんて、本当に呆気《あっけ》なくて。彼はその後すぐにメールも電話も応答してくれなくなり、恋は終わった。

大好きな彼に振られ、しばらく立ち直ることもできなくて、だけど着実に年は重ねていくし、こうなったら絶対30歳までに子どもを産むっていう目標をクリアしなきゃ！　そう思った私は、自然な出会いを求めていたのがウソのように、片っ端から合コンに参加した。しかも、年収800万以上と決めて、友達の紹介やら街コンやら、とにかくあらゆる場所に顔を出してみた。そう、受動的に見えるけど、実はやると決めたらとことんやるタイプなのだ、私は。

私は、そこそこ自分のルックスには自信があった。そりゃあ、クラスで一、二を争うレベルでは到底ないけど、中の上くらいだと思う。だって、身だしなみには人一倍気を遣ってい

⑰　#パレスホテル：丸の内にある五つ星ホテル。皇居前という抜群のロケーションや、アクセスの良さはもちろん、なんといっても真っ白で美しいチャペルが魅力。

ると思うから。

服装は「女性らしさ」をすごく大切にしていて、どんなに流行っていても、基本的にパンツははかない。あと、スニーカーもアウトドア以外では履かない。スカートにヒールがマイスタイル。できるだけ周りから浮かない範囲で、自分らしさを出すことが大事だと思っている。

メイクにも自分なりのこだわりがあって、「美肌命」と決めている。ポイントメイクよりは、スキンケアとベースメイクの方に投資をするようにしている。やっぱり年齢は肌に出るものだから、いつまでも若々しくいるためには、自己投資は大切！　メイクは女性の特権だと思うから、「身だしなみ」なんて思わずに思いっきり楽しむようにしている。

だからか、27歳で婚活を始めた頃は、結構モテた。合コンに行けば、必ずその後誰かから連絡は来たし、街コンに行っても複数人と連絡先を交換することが当たり前だった。普通の会社員はもちろん、公務員、薬剤師、会計士……。年収８００万以上と決めていたから、レベルの高い人たちと出会えたけど、なんだか決め手がなかった。顔が好みじゃなかったり、ちょっと身長が低かったり、服装のセンスがなかったり。

そんなことを理由に、より好みしまくった私は誰とも付き合わず、気がつけば30歳を超えていた。当然、周りはみんな結婚していくから合コンの誘いはなくなるし、街コンの参加条件すらクリアできなくなってきた。

そんな私にとっての救世主。それが婚活アプリである。

合コンより、街コンより、はるかに**#タイパ**がいい！　とにかく自分の条件に合う男がザクザク見つかる。出てくる。そして、婚活アプリの世界では、まだまだ私もちやほやされるのだ。たくさんのお誘いメールが来る。だから、ありがたいなと思って、昔の私ならすぐに**#未読スルー**していたような低スペック男ともデートをしてみている。

でも、なんでだろうなあ。２～３回デートをすることはあっても、なかなかその次につながらない。どうせアプリで出会った相手だし、と思って、一度デートした相手に尋ねてみたことがある。

「私、アプリで出会った人と何人かデートはしたんだけど、まだ交際まで至ってなくて。率

⑱　#タイパ：〝コスパ〟（コストパフォーマンス）ならぬ、〝タイムパフォーマンス〟の略語。そこそこ働いている女子にとっては、お金よりも時間。時間に見合った価値がどれだけあるか？　が大事。

⑲　#未読スルー：読むまでもないメッセージを完全無視すること。ＬＩＮＥはともかく、婚活アプリ内ではこれをやっていかないとキリがない。すべてのメッセージに目を通すのは、それこそタイパが悪すぎるのだ。

直に、なんでだと思う?」

「うーん。愛美ちゃんは普通にかわいいし、おしゃれだし、いい子だと思うよ。でも、いい子すぎるんじゃないかなあ。男はみんな、ちょっとくらい自己主張のある女の方が、かわいいと思うから」

また出た、〝普通にいい子〟って。時代は変われど、〝普通にいい子〟はダメらしい。

私は、生まれてからずーっと、みんなに嫌われないように、〝いい子〟になりたくて、がんばってきた。自己主張のある女なんて、自分が友達だったらイヤだけど。何をどう変えればいいのだろう。とりあえず、週末に美容院に行って、トリートメントでもしよう。女磨きをがんばるしかないのかも。


仕事の昼休み、早速週末の美容院を探す。ちょっとだけイメチェンしたいし、新しいところに行ってみようと思って、**#Ozmall**の特集ページを開く。写真と口コミをパーッと眺めながら、おしゃれな美容院を予約した。休憩時間は、残り40分。慌てて自宅から持ってきたお弁当と、社食で注文したスープを食べ始める。体型には気を遣っているから、ゆるい**#糖質制限**をしているのだ。

31歳。知り合ってすぐに結婚できるわけでもない。そう思うと#35歳までの出産に備えてそろそろ準備したいタイミングだ。まずは年収800万とは言わない、700万でいいからせめて、大手企業とか公務員とか安定した職業に就いている誠実な男性と出会いたい。海外転勤についていく夢は、ひとまず忘れよう。#VERYに出てくるママよりは、#ひなのちゃんみたいに、ママだけどずっとかわいい女性でいたいな。ママになっても、ちゃんと今まで通り美容には気を遣って、若々しくいたい。……なんて妄想をしていたら、好きな仕事に就けなくても、かわいいママになれたらそれでいい気がしてきた。

そうだ、私はきっと「かわいいママ」になりたいんだ。そのために、今までも見た目に人

⑳　#Ozmall：首都圏の女性向けポータルサイト。女子会ウケするレストランや宿泊プラン、おしゃれでオトクな美容サービスが探せる。

㉑　#糖質制限：筋トレブームも相まって、ブーム継続中。糖質の摂取量を減らしたり制限したりするダイエット方法。炭水化物抜きが進化した。とはいえ、毎食抜くのはキツイから、夜だけ控える女子も多い。

㉒　#35歳までの出産：35歳以上だと〝高齢出産〟となることから、35歳をひとまず目標に掲げる女子が多い。

㉓　#VERY：雑誌不況の中でも、バカ売れ中のママ向け雑誌。二子玉川にいるような、ママ〝なのに〟ファッションもビューティーも日々の暮らしも手を抜かず、〝女らしさ〟が残る女性がフィーチャーされている。

㉔　#ひなのちゃん：吉川ひなのさんのこと。年齢を感じさせないかわいいルックスに惚れ込む女子は多い。

一倍気を遣ってきたんだもの。よし、少し未来への希望が湧いてきたから、午後ももうひと踏ん張りがんばろ。

終業時間は17時半。帰宅ラッシュの満員電車に揺られながら、早速婚活アプリを開いて、年収の条件を少し下げてみた。「年収６００万以上、土日休み、お出かけが好き、ドライブが好き、明るく前向きな性格、どちらかというとリードする方、食べ歩きが好き、海外経験あり……」そこまで入力して、ふと手を止める。

私は今まで、自分から男性を好きになったことはない。いつも、相手から好かれて、好かれるとなんだか意識してしまって自分もだんだん好きになる……そういうパターンが多かった。友達と遊ぶときも、買い物をするときも、自分から強く「ここに行きたい」「これがほしい」と思うことがなかなかない。いつも、誰かの意見やおすすめに従ってきた。だから、そんな私が、こんなに条件を入れていることが間違っているのかもしれない。

そう思って、「マッチングサービス」をクリックした。いくつかの質問に答えることで、アプリが自動的に組み合わせを判定して、おすすめの相手を提案してくれるというもの。なんではじめからこの機能を使わなかったんだろう。そう思って、真剣に30の質問に答えた。

「マッチング率90％超えの男性が67人見つかりました！」

どれどれ。年齢別、年収別にソートをかけながら、一人ひとり写真を見ていく。この中の誰かと、せっかくだから週末会ってみようかな。美容院に行った後に会いたいな。落ち込んでばかりもいられない。やっぱり婚活がんばろう！

キャリジョクラスター・ファイル6
何事も現状維持志向　【凡キャリ】

続いてのクラスターは、仕事、恋愛・結婚、趣味、人づきあい、日常生活……すべてが平均的な人、という意味を込めた、平凡キャリアの【凡キャリ】です（均キャリよりは響きがいいかと！）。

「満足度」はどれも平均並み、ないしは平均より下のスコア。あまり現状には満足していないようです。だったら、もっとよくしていきたい「貪欲度」は高いのかと思いきや、こちらもすべて平均並み。改善にはパワーもいるし、変えることで何かを犠牲にする気がする。だったら、今のままが一番！　そんな気持ちが表れているのかもしれません。

凡キャリの仕事意識で特徴的なのは、「仕事にはやりがいが必要だと思う」が低いこと。仕事に多くは求めず、淡々とこなしていく感じなのでしょうか。また、「転職することに抵抗がない」というのも低く、職場環境を変えることにも消極的です。人づきあいについても、「遊びや飲み会に誘われたら積極的に参加する」「様々なタイプの人と幅広く付き合っている」「休日は誰かと一緒に過ごすことが多い」が軒並み低く、大勢でわいわい過ごすよりは、一人や気心の知れた友人とのんびり過ごす方が好きなタイプなんでしょうね。また、「メイクすることが楽しい／好き」も低いため、メイクは身だしなみ程度の模様。「いつか身につけたい憧れのブランドがある」も平均よりも低めで、ブランドにこだわらないのか、無欲なのか？　ここでも多くを望まない様子が見てとれます。

人生観がうかがえる項目も見ていきましょう。「同じ時間をかけたり、過ごしたりするなら、少しでも充実させたい」「自分が情熱をかけられるものに、力を注いで生きていきたい」というのも低いです。充実させたり、何かに打ち込んだりすることは、悪いことではないように思いますが、凡キャリとしては無駄に力を入れない省エネがモットーなのでしょうか。

最後に、「努力をすれば結果はついてくると思う」というのも賛同する意見は一桁台！努力で変えられない時代や環境の変化もある中、ある意味冷静な凡キャリは、もはや〝達観〟の境地なのかもしれません。

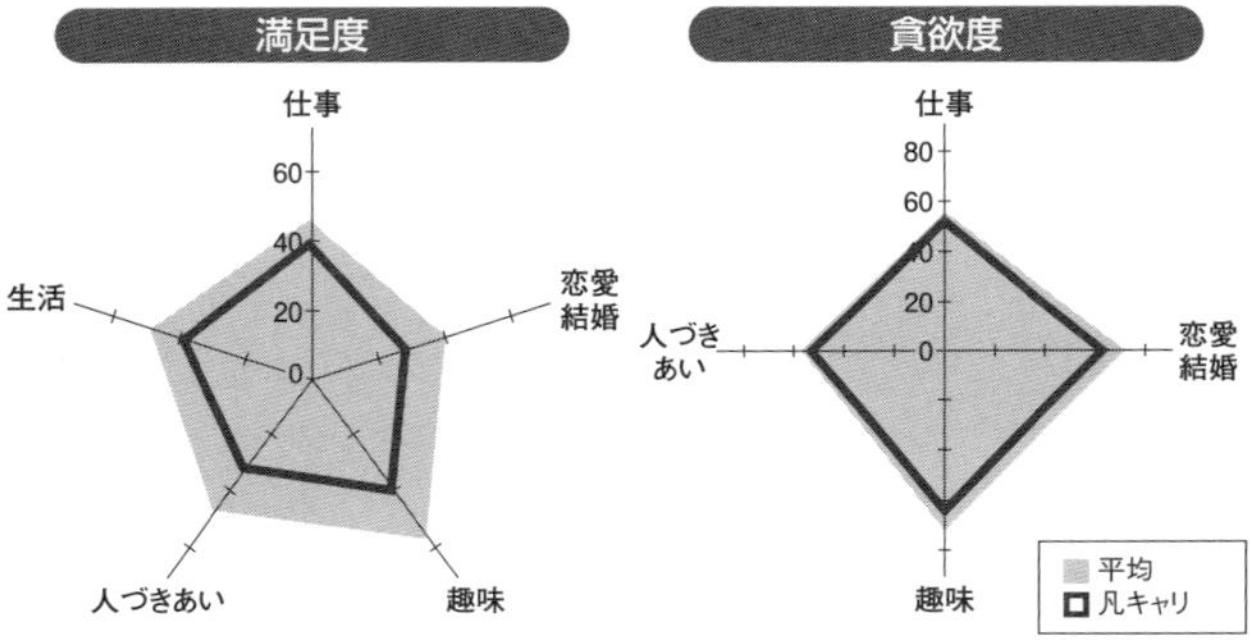

満足度
仕事
60
40
20
0
恋愛
結婚
趣味
人づきあい
生活
貪欲度
仕事
80
60
40
20
0
恋愛
結婚
趣味
人づき
あい
平均
凡キャリ

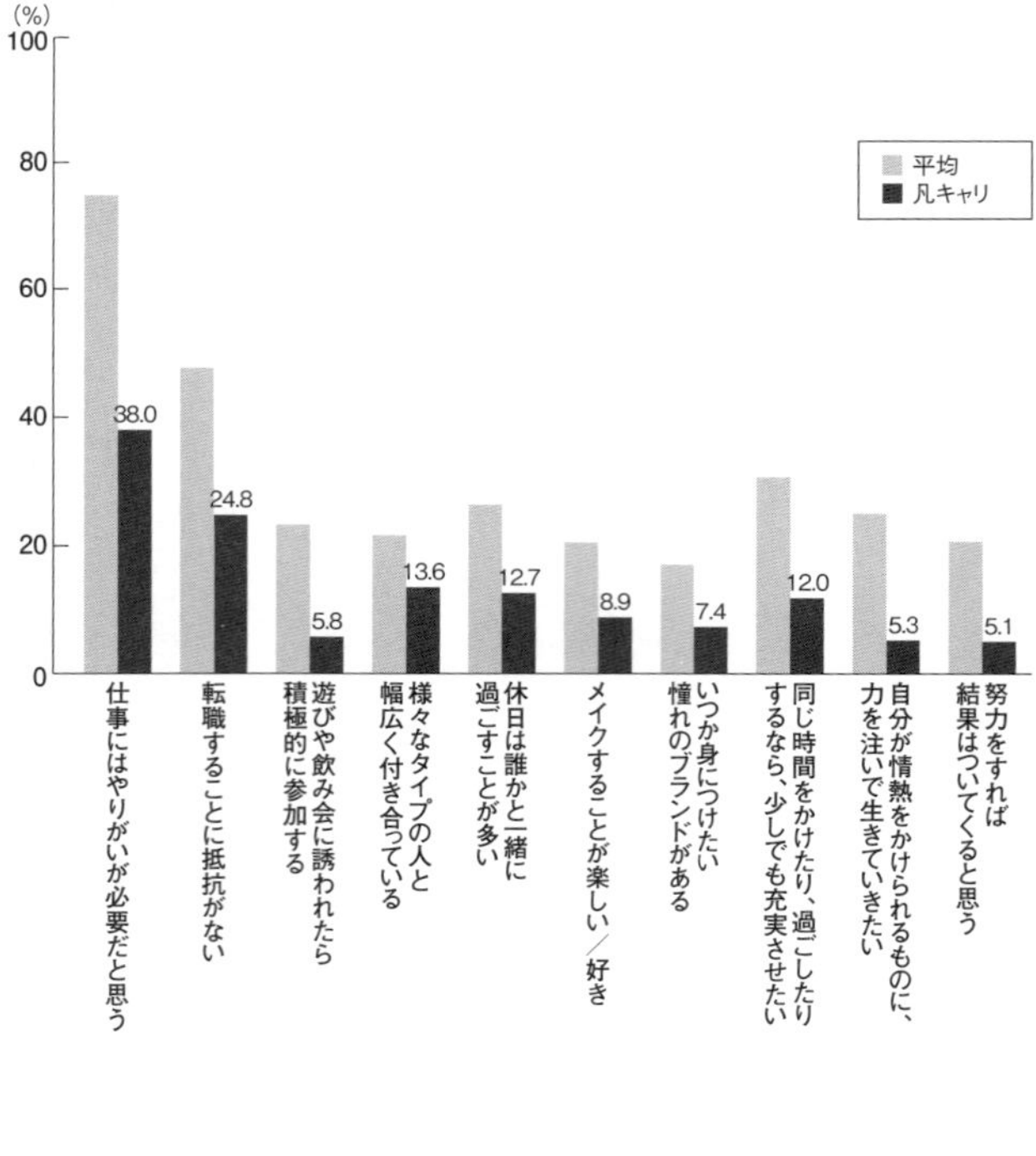

(%)
100
80
60
40
20
0
平均
凡キャリ
38.0
24.8
5.8
13.6
12.7
8.9
7.4
12.0
5.3
5.1
仕事にはやりがいが必要だと思う
転職することに抵抗がない
遊びや飲み会に誘われたら積極的に参加する
様々なタイプの人と幅広く付き合っている
休日は誰かと一緒に過ごすことが多い
メイクすることが楽しい／好き
いつか身につけたい憧れのブランドがある
同じ時間をかけたり、過ごしたりするなら、少しでも充実させたい
自分が情熱をかけられるものに、力を注いで生きていきたい
努力をすれば結果はついてくると思う

何事も現状維持志向
平凡キャリアの
凡キャリ
（21.6%）

年齢：28.1歳
(30代前半が多い)

年収：376.6万円
(7クラスター中2位)

おこづかい：41,466円
(7クラスター中5位)

職業：一般職

凡キャリ3箇条

一、日々何事もなく平和に過ごしたい。

二、恋愛・結婚や人間関係は受け身で、変化を起こすことが苦手。

三、日常生活で自然に触れる家族やテレビで見た情報を元に生活。

●凡キャリのかばんの中身●

- **シンプルな折りたたみ財布**
  （どこで買ったんだったか？　長年使っている）
- **色つきリップ**
  （化粧直しが必要なほどしないのでリップだけでOK）

- **お弁当箱（タッパー）、水筒**
  （タッパーはそのままレンジでチンできるので重宝）
- **ワンポイントの入ったハンカチ、ティッシュ**
  （ハンカチは何かのおまけでもらったような気がする）

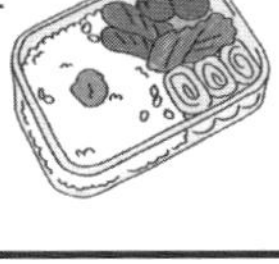

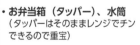

凡キャリ田中未加子の日常　～普通の毎日、普通の幸せ～

33歳、銀行勤務。一般職。
北区女子。未婚。彼氏なし。一人暮らし。

7時に目覚ましが鳴り、今日も1日が始まる。会社へ行くの面倒だな……と思いながら、布団の中で#LINEニュースを見る。また芸能人の不倫ネタか……。今日雨なのか……。今日の夜、面白いテレビあったかな？　そろそろ起きなきゃ。数分の葛藤の後、ようやく布団の中から出る。

朝は時間がないし、面倒なので、牛乳をかけたシリアルを食べる。以前は朝ごはんを食べていなかったが、30歳を過ぎて、さすがに身体のことも気になり始め、簡単な朝ごはんを用意するようになった。テレビをつけると、さっきニュースで見た不倫報道をさらに詳しく解説している。結婚しても大変だな……とぼんやりと思うが、芸能人はお金があったり、かっこよかったりするから仕方ないのかもしれない。

しばらくすると、「おはよー」とまだ眠そうな声で妹が部屋から出てきた。彼女は妹も一人暮らしをしているが、昨日は終電を逃したとかで、うちに泊まったのだ。妹は、着替うちの家族の中では変わっていて、いわゆる#キラキラ女子というやつらしい。えを済ませると家では朝ごはんを食べず、会社の近くで#朝活してからカフェで朝ごはんを食べて会社に行く。朝活はヨガだったり、英会話だったり。その時々の流行りによってコロコロ変えているが、よくやるものだ……。性格は正反対の私たちだが家族の絆はあり、仲は悪くない。流行りものに全く興味がない私でも、妹を見ていると覚えるので、会社の同僚との話も何となくついていける。

シリアルを食べ終わった私は、先に出る妹を見送り、着替えた後、メイクをする。

---

① #LINEニュース：今やコミュニケーションツールとして多くの人が使うメッセンジャーアプリLINEで見ることができるニュース。

② #キラキラ女子：SNSで充実した日常を投稿し、アピールする女子。

③ #朝活：朝活動の略。出勤前などに、スポーツや趣味、勉強など朝から有意義な活動を行うこと。朝が弱い人間にとっては憧れ。

メイクは社会人のマナーに反しない程度で#時短テクを使う必要もなくすぐに終わるが、今夜は女友達と会う予定なので、ちょっとくらいおしゃれしようかと妹が誕生日プレゼントにくれた#婚活リップを最後につけてみた。急に見慣れない明るい色味が自分の中に入ってきた違和感に耐えられず、ティッシュでオフしていつもの色つきリップをつけ直す。ふぅ。やっぱ、これくらいの色味が落ち着く。

昨日の残り物を詰めたお弁当とついでに実家から持ってきた紅茶のティーバッグをいくつか#リュックに入れた。この前、リュックが流行っているということで、妹が買ったついでに、私も買ったのだ。ブランドは全く気にしていなかったが、シンプルで口が大きく、ものが入れやすそうなところがよかった。

最近、#ペタンコ靴が流行っているので、私もプライベートではいていた#スリッポンで出勤することにした。これも、どこのブランドかよくわからないが、黒ですっきりとしたデザインが何にでも合わせやすそうで良かった。元々制服で仕事をするので、どんな格好でもあまり言われないが、ラクちんなのは嬉しい。妹は敢えてカジュアルな格好をして、#男子ウケを狙っているらしい。本当によくやるものだ……。

出勤すると、いつもの事務作業。毎日、代わり映えのない作業で正直面白くはない。だが、転職して環境を変えたいとまでは思わないし、別に仕事自体、がんばりたいとも思っていないので、こんなものかとも思う。母や姉みたいに、いつかは結婚して専業主婦になるのかなあ……なんてぼんやり考えているが、この前、たまに節約術特集を見たくて読んだ雑誌で「**#女性が働くのは当たり前だと思っているのは9割**」という記事を見かけた。意外にみんな働きたいと思ってるんだな……。

④　#時短テク：時短とは時間短縮の略。メイクや料理など、忙しい女性たちによって編み出された叡智。
⑤　#婚活リップ：「とある化粧品メーカーの口紅をつけると結婚できる」と噂になり、流行している。名前を入れてプレゼントにすることも。別名、恋リップ。
⑥　#リュック：両手が使えるし、両肩に負担が分散されることもあり、女性の間でリュックが流行。
⑦　#ペタンコ靴：ヒールのない靴のこと。スニーカー以外にも、サンダル、パンプスタイプもある。
⑧　#スリッポン：紐や金具のないシューズ。正式にはスリップ・オン。知らなかった！
⑨　#男子ウケ：男性に好まれるように装い、振る舞うこと。恋愛に消極的な男性が増え、ファッションだけでなく、趣味なども女性が男性と盛り上がりやすいもの（ゲーム、漫画、ラーメンなど）を体得し、男性から話しかけられやすくするテクニックも生まれている。
⑩　#女性が働くのは当たり前だと思っているのは9割：キャリジョ研2017年2月のオリジナル調査では、20～30代の働く女性の9割がそう思っているというデータがある。

専業主婦になった友達は、それはそれで寂しいとか、早く子どもを！　というプレッシャーと#妊活で大変そうだけど。３人姉妹の真ん中に生まれた私は、しっかり者の姉とキャピキャピとした妹という個性の強いキャラの間で、親ともぶつかることなくのんびり育った。５年前に結婚して実家を出た1歳上の姉は、要領よく大学の同じゼミで捕まえた有望株の彼氏と付き合って、くっついたり離れたりを繰り返すも、20代最後にすべり込み結婚。なかなか子どもができないと悩んでいたが、もうすぐママになる。

結婚に憧れる半面、環境が変わる不安もあり、なんとなく考えないようにしている。私自身は、昔から恋愛にはあまり興味がなかった。もうかれこれ5年ほど彼がいないのも気にならないほど。人と付き合うというのは、相手のやりたいことやペースに合わせないといけないところもあり、面倒なことも多い。私に結婚生活なんてできるんだろうか……。

そういえば、この前、短大時代の仲良し4人組が久しぶりに#女子会で集まったときには、大変だった。インカレのテニサーに所属してモテまくり、一番に結婚すると思われた亜里沙は、社会人になってようやくたどり着いた理想の彼と4年前に婚約破棄となった。イケメン商社マンで優良物件だったのに……。でも、今度は仕事に目覚め、自分自身が海外勤務をするために英会話教室に通い始め、ビジネススクールにも今後行きたいんだそうだ。あんまり落ち込んではないのはなによりだが、そのキャリア転換には驚きだった。

その一方で、特別モテるタイプではなかった癒し系の真奈は、26歳で当時の彼と授かり婚をして、現在は2児のママとして子育て奮闘中だ。幸せそうに見えても、#ワンオペ育児に悩んだり、不倫ドラマを唯一の楽しみにしたりしているそう。韓流ブームは純愛って感じでよかったけど、不倫ドラマにハマるのは大丈夫かな……。

もう一人は、彼氏が途切れない代わりに続かない舞香。最近はマッチングアプリを使って、効率的に恋愛をしているみたいだけど、この日も、付き合い始めたばかりの彼氏がお祭りの屋台の焼きそば代500円を「200円でいいよ」って恩着せがましく請求してきた話とか、会社の飲み会すら彼が嫉妬してくるだとか、愚痴ばっかりだった。まぁ、これまでもノロケとかうまくいってる話を聞いたことないけど。みんな、普通がいいって言うけど、結構いろ

---

⑪　#妊活：妊娠に関する勉強や妊娠に向けた活動。病院に通うものから、基礎体温をつけたり、身体を冷やさないようにしたりするなど体調管理に関するものまで幅広くある。

⑫　#女子会：女性だけの飲み会。女子って言うなと言われても使いやすい言葉でもあり、なんだかんだで使ってしまう。

⑬　#ワンオペ育児：ワンオペとはワンオペレーションの略。一人で回しているということで、ママ単独の育児として問題視されている。

いろ条件とか不満とか実は細かい。#年収600万円以上男子も数パーセントと言われてるし、イケメンじゃなくても、話が面白い＝#コミュ力が高い男性も意外に希少生物だそうだ。

私はというと、3ヶ月前の女子会から全然状況が変わっていないので、特に話すこともなかった。仕事も同じ。新しい趣味や習い事もしていない。そもそも、とりたてて人に言えるような趣味・特技もない。休日も、基本は一人で家でゴロゴロしているか、近所を散歩するくらい。職場でも嫌なことはたまにあっても大きなトラブルもないし、身体もたまに風邪をひくくらいで平常運転。我ながら平和だな……。

そんなことをぼんやりと考えながら午後の作業に取り組んでいたら、気がつくと隣の先輩がいそいそと片づけを始めている。はっと時計を見ると5時5分前だった。

5時きっかりに隣の先輩がざっと席を立つのを合図に、どんどんと周りも帰宅を始める。先輩より早くは帰れないが、先輩が時間通りに出てくれるので助かる。そして、私も支度を始め、「お疲れ様でした……」と席を立つ。ただ、今夜は10年来の付き合いの友達と食事の約束があるので、待ち合わせの7時までにまだ時間がある。特に欲しいものもないが、雑貨屋や本屋に立ち寄るか、カフェとかで時間を潰すか。どうしようかな、と思っていたら、妹からLINEがあった。「今、未加ちゃんの会社の近くにいるから、お茶でもしない～?」

こういうときの妹も、夜の予定までの時間を潰したいときだ。

妹はこれから合コン……かと思いきや、**#ポーセラーツ**体験に行くらしい。かわいい陶器の絵付けのことらしいが、部屋でお気に入りのマグカップでコーヒーを飲むと、どこかへ出かけなくても充実した気分になれるからいいんだとか。私なんか、**#コンビニで集めたシールでもらったリラックマのマグカップ**をここ数年使ってるくらいで、全然こだわりないな……。

「えー、合コンなんて2～3時間で3～4人と話してってコスパ悪くない!?　しかも全員は

⑭　#年収600万円以上男子：2016年に発表された明治安田生活福祉研究所の「第9回結婚・出産に関する調査」によると年収600万円以上×未婚20～30代男性は7・7%だそう。

⑮　#コミュ力：コミュニケーション能力の略。他者とコミュニケーションを取る能力であり、会話力や他者と和を保つ協調性などが含まれる。最近重視される能力。

⑯　#ポーセラーツ：ポーセリン（磁器）とアート（芸術）の造語で、陶器の絵付けのこと。絵柄のついた転写紙を貼って、簡単だが本格的にできることで女性に人気。

⑰　#コンビニで集めたシールでもらったリラックマのマグカップ：特に趣味がない凡キャリが、日常の中でできる懸賞応募はたまに行う。ちょっとした達成感が嬉しい。

ずれの可能性もあるじゃん!」。コスパ……そんなこと考えたことなかった。「未加ちゃん、もっとおしゃれしたらいいのに、もったいない‼　だいたいこの前も……」と、いつもの妹のお説教が始まった。女優やモデル並みに生まれ変われるなら、おしゃれも楽しいかもしれないが、今のままでがんばるのも疲れる。周囲に笑われない程度に、自分の好きにさせてくれ、という気がする。

「じゃあ、そろそろ行こうかな」と妹が切り出して、はっと気づいたら、もう6時45分だった。私も待ち合わせの場所に行かなきゃ。おしゃれはしてなくても、人としてのマナーはきちんとしていたい。妹は「今日は私から誘ったから、おごってあげる!」とスマートに**#電子マネー**で支払いを済ませると、夜の銀座の街へ消えていった。私は待ち合わせの駅ビルに向かって歩き出した。

「着いたよ」と連絡が入っていた。駅ビルの入り口付近に、友達が立っていた。短大時代のバイト仲間で、私と同じく、流行には興味がなく、自分のペースで生きているところは気が合うし、居心地がよい。

「久しぶりー。何か食べたいものとか、行きたいお店ある?」

「なんでもいいよ。適当に見て決めようか……」

お決まりのやり取りだ。実際、別にイマドキなレストランやカフェでなくていいし、ファミレスでもいい。別にごはんもこだわりがないのだ。

結局、お店の前で店員さんに声をかけられた#個室居酒屋に入った。二人ともあんまりお酒を飲まないので、梅酒のソーダ割りとゆずはちみつサワーを注文する。そして、友達の仕事の話を聞く。彼女は派遣でテレアポをしている。ノルマだのクレームだので仕事がキツイから辞めようかな……という話。大変そうだ。

そして、話題はテレビ番組の話。面白かった芸人とか、ドラマとか。それから、共通の知り合いである後輩の近況とか家族の話をしたら、シメのカルボナーラを食べ終わる頃だった。たわいのない話だけして、お店を出た。

駅までの途中、彼女が仕事を辞めたら、ぱっと気晴らしに旅行にでも行こうという話になった。うーん、どうやって連休を取るかな……。改札を抜けて、またねと手を振った。

⑱　#電子マネー：カード、ケータイなどキャッシュレスで支払える。総務省統計局の平成28年「家計消費状況調査」によると、34歳以下世帯主の電子マネー所有率は65・6%。

⑲　#個室居酒屋：完全個室ではないが、空間がある程度仕切られた居酒屋。リーズナブルで若年層の合コンにもよく利用される。

電車の中で、旅行のことを考えてみる。10年来の仲のよい友達ではあるが、そんなに長く一緒にいたことはない。彼女は、ちょっとオタク気質でこだわりがあるときもあるから、旅行先でうまくやれるだろうか。そもそも、旅行自体あまり行かない。誘われれば行くこともあるが、誰と行くかは非常に重要だ。

卒業旅行で、女子会メンバー4人で京都に行ったときも、インスタ映えする写真にこだわってかなり離れた場所への強行スケジュールを組もうとする舞香、食べ物にお金をかけたい真奈と、ホテルでラグジュアリーに過ごしたい亜里沙とで、予算に合わない分をどうするか結構揉《も》めた。お揃いで色違いの浴衣を着て写真を撮ろうというときも、かわいい柄の（密かな）とり合いバトルがあったりと、なかなか疲れる旅行だった。何でもいい私は、もちろんみんなが着たくない残った柄だった。

ちなみに、私と全然違うタイプの彼女たちがなぜ会うのかと言うと、私はだいたい暇ですぐ捕まるし、特に自己主張もしないし、愚痴の聞き役になるので、よく呼ばれるようになって、そのまま固定メンバーとして定着したのだ。私から進んで会おうと声はかけないけど、ドラマみたいにいろいろな変化が目まぐるしく起こる彼女たちの話を聞くのは、私も嫌いではないのだ。あと、ちょっと妹に似てるのもあるかも（笑）。

卒業旅行の悪夢を思い出しつつ、そもそも、どこに行きたいっていうのも特にないから、どうやって決めればいいのか……。

旅行がいつになるかわからないから、まぁ、また考えればいっか……。

お風呂上がりに、同僚からの**#韓国土産のシートマスク**を使ってみる。いつももらってばかりはさすがに申し訳ないので、今度旅行に行ったら何かお土産を買わなきゃな。はぁ、こういうの考えるのも面倒だな……。

マスク中に暇なので**#マツコのバラエティ**など見ていると、同じ部署の女子グループのLINEが入った。

「至急‼」「明日合コンするんだけど、誰か来れない？」

明日って、急だなぁ。「明日はライブ！」「先輩の送別イベントがあって〜」「別の飲み会だよ」と断りメッセージが次々と入る。どうしよ……時間は空いてるけど、別に出会いを求

⑳　#韓国土産のシートマスク：韓国旅行の定番のお土産の一つ。1枚から買え、値段は手頃、消えモノ、使いやすく、バリエーションも豊富なため女性向けのバラマキ土産に重宝される。

㉑　#マツコのバラエティ：タレントのマツコ・デラックスさんが出演しているTV番組。言いたいことを代わりに言ってくれ、すっきりできるとお茶の間で人気。

めてるわけでもないし、知らない人と話すのは疲れるからな……。とりあえず、様子見してよう。

ふぅ。今日も1日、いろいろあったな……。と言っても、仕事に行って友達と食事してきただけと言えば「だけ」だけど。

みんな幸せになりたいと思って、そのために一生懸命努力をしている。出会いを求めて合コンやらデジタル婚活やらに、お金も時間も割いているし、趣味の幅を広げて、スポーツしたり、料理教室に通い始めたり。そういえば、料理教室に通っていた元同僚は、そのまま料理にハマって、最終的には#フードコーディネーターとして、独立していった。そうやって、やりたいことを見つけて、それを本当に実現するってすごいな、と思う。

でも、趣味を見つけるために調べたり、体験クラスに申し込んだりするほどやる気は起きないし、家でぼーっとしている方が好きだ。そして、このまま父も母も変わらず、穏やかに暮らしていければいいのに。介護とか、年金とか将来のことはよくわからないし、景気もいつ悪くなるか。今から何か対策や努力しても仕方がないのでは……?

今の私は不幸だろうか? 人から見たら、趣味や打ち込んでいるものもなければ、美人でもスタイルがいいわけでもなく、仕事ができるわけでもない、彼氏もいない。将来やりたいことや夢もない。特別に注目されたり、尊敬されたり、憧れられたりするようなところはないかもしれない。

でも、健康な家族。学生時代からの女友達がいて、仕事もちゃんとしている。意外に今の環境、今の私、悪くないんじゃない……？

出る杭は打たれる。上がったら下がる危険がある。一度上がったらなかなか下げられない。出る、上がる、ということがないっていうのは、つまらないかもしれないけど、安定している。何かを得ることは何か犠牲にしている気がして不安だ。だったら、何かを犠牲にしてまで今の環境を充実させたり、変えたりする必要はあるの……？　そして、平凡でも安定した毎日を送れる私は、ある意味幸せなんじゃない……？

そんなことを考えていたが、あまりにも眠いので今日はひとまず寝ることにする。

㉒　#フードコーディネーター：民間資格の職業。食卓や食に関する空間全体をトータルにコーディネートする。カタカナの肩書って、なんだかかっこいい……。

キャリジョクラスター・ファイル7
ミーハーな「いいね！」モンスター　【キラキャリ】

続いてのキャリジョクラスターは、楽しいことを追い求めてキラキラした生活を送りたい！　と願う、【キラキャリ】です。仕事、恋愛、趣味、人づきあい、生活の全項目において、「満足度」は平均よりかなり高いスコア。そして今の生活やステータスに満足しながらも、仕事、人づきあい、恋愛の「貪欲度」も高めという欲張りなクラスターです。

キラキャリの他の調査データを見てみると、「新しいファッションや流行は積極的に取り入れる」「ブームや新しい商品・サービスについて、情報を早く知る方だ」「インスタ映えする写真を撮りたい」が平均より高く、「Instagram に載せるためにどこかへ出かけたことがある」という人も平均の2倍のスコア。

また、仕事の意識についても、「他人から憧れを持たれる仕事がしたい」と考えている人が約8割もいます。ファッションやライフスタイル、仕事に関しても流行や〝みんなの目〟に対する感度が高いことがわかりますね。

さらに仕事関連のデータで特筆すべき点は、「自分の好きなことを仕事にしたい」「自分だけの肩書を持って活躍してみたい」のスコアの高さ。人からどう見られるかを気にしつつも、自分の好きなことや得意分野で能力を発揮したい、という意識が高いことがうかがえます。

人づきあいの項目では、「遊ぶメンバーは固定化している」の項目は平均より20％も低い結果に。幅広い付き合いをキープしているところがキラキャリらしいですね。一方、「悩みや本音を話せる友達が少ない」と回答した人は平均の約半分、わずか1割です。交友関係を広げすぎて深い信頼関係の友人が少ないのかと思いきや、そういうわけではないようですね。

最後に、恋愛・結婚の意識を見てみましょう。実は恋愛・結婚の項目については、人づきあいや仕事などの意識に比べて、平均と変わらないキラキャリ。そんな中、特徴的に高いのは「いつまでも付き合いたてのようなラブラブな関係でいたい」という項目。この項目は全キャリジョクラスターの中でキラキャリがダントツなのです。仕事意識と同様、恋愛に関しても、ピュアに「エンジョイしたい！」という思いが強く、理想の恋愛スタイルを追いかける傾向があるのかもしれませんね。

いいね！モンスター
キラキラキャリアの
キラキャリ
（14.8%）

年齢：27.3歳
(20代前半が多い)
年収：378.9万円
(7クラスター中1位)
おこづかい：42,025円
(7クラスター中4位)
職業：専門職が多め

キラキャリ3箇条

一、基本の人間関係は広く浅く。
情報交換と人脈作りが趣味。

二、能天気で楽観的。
何よりも〝流行〟とトレンド重視。

三、得意分野で能力を発揮したい！
仕事にも貪欲。

●キラキャリのかばんの中身●

- **ビビッドなカラーのブランド長財布**
（今年の新色限定を免税店でゲット！）
- **メイクポーチ（口紅やチークなど）**
（ブランドとプチプラをミックスで使う）
- **軽い一眼カメラ**
（カメラ女子もおしゃれでいいし、
インスタ映え写真を撮りたい）

- **タブレット端末、イヤホン、モバイルバッテリー**
（常にネットで情報収集＆人とつながっている）
- **お菓子（飴やチョコなど小さいもの）**
（人に配って会話のきっかけにする）
- **おしゃれなヘアミスト**

- **ブランドの香水**
（人と会う前に自分の香りをまとう）

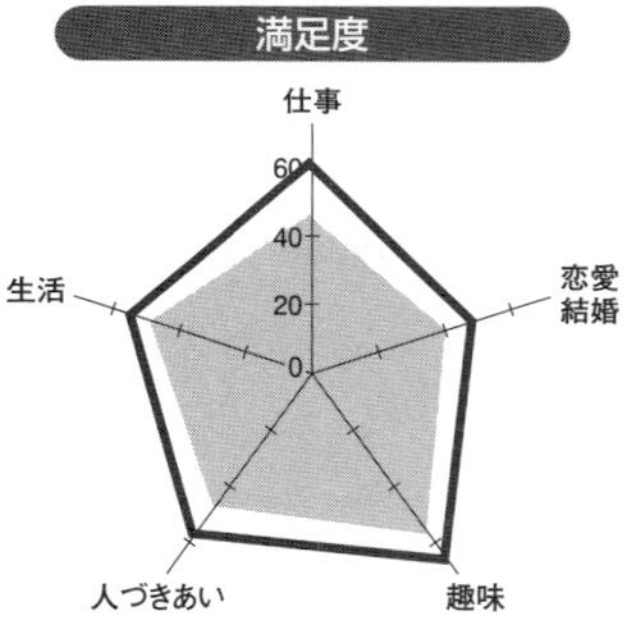

満足度
仕事
60
40
20
0
恋愛
結婚
趣味
人づきあい
生活

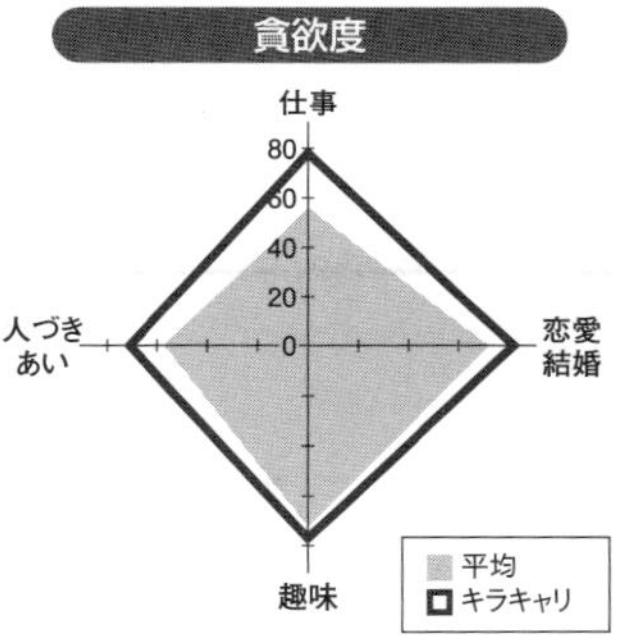

貪欲度
仕事
80
60
40
20
0
恋愛
結婚
趣味
人づき
あい
平均
キラキャリ

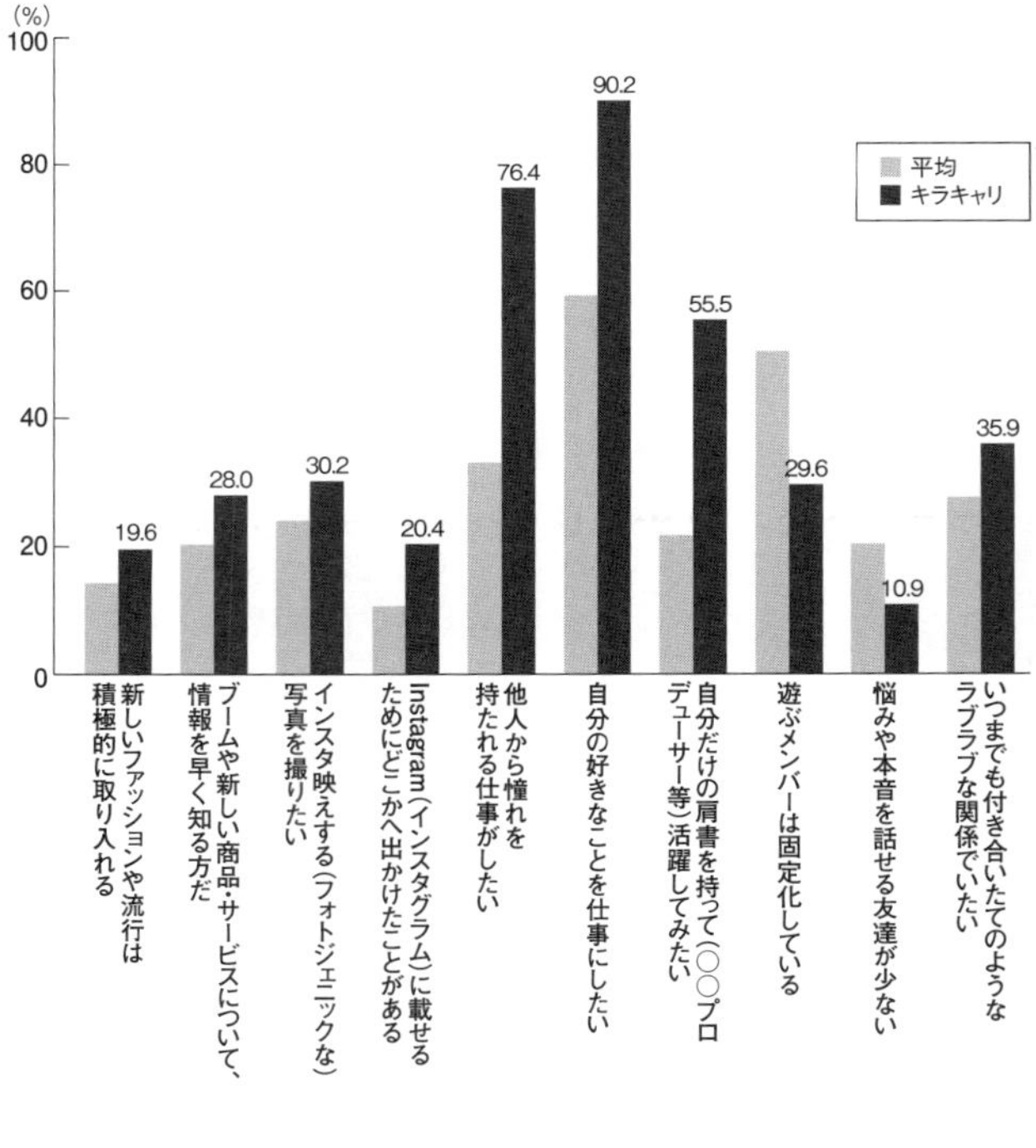

(%)
100
80
60
40
20
0
平均
キラキャリ
19.6
28.0
30.2
20.4
76.4
90.2
55.5
29.6
10.9
35.9
新しいファッションや流行は積極的に取り入れる
ブームや新しい商品・サービスについて、情報を早く知る方だ
インスタ映えする(フォトジェニックな)写真を撮りたい
Instagram(インスタグラム)に載せるためにどこかへ出かけたことがある
他人から憧れを持たれる仕事がしたい
自分の好きなことを仕事にしたい
自分だけの肩書を持って(〇〇プロデューサー等)活躍してみたい
遊ぶメンバーは固定化している
悩みや本音を話せる友達が少ない
いつまでも付き合いたてのようなラブラブな関係でいたい

キラキャリ高橋麗奈の日常　～薄っぺらくなんかない～

25歳、IT企業勤務。総合職。
渋谷区女子。未婚。彼氏なし。一人暮らし。実家は横浜。

#ビルボード1位をとり続けているダンスミュージックに始まり、ヒップホップ、R&B、J-POPが立て続けにスマホから流れる。4回目のアラームでやっとスマホを手に取り、ベッドの中でもぞもぞとSNSチェック。インスタ（Instagram）には、昨日行った代官山にある隠れ家バーの写真に108いいね！と4件のコメント。「このお店、なんてとこ？」「日曜の夜なのに元気だね～☆」「めっちゃええやん！　ここ今度連れてってや～！」「れーなそろそろ会おうよ～荒れ会しようよ」。一通り返信し終えて、前回の〝荒れ会〟のことを思い出す。場所は毎回変わるけれど、前回は六本木のカラオケバーだった。お店を貸し切って、6人の仲良しメンバーがそれぞれ友達を呼び合う。人の入れ替わりが激しいが、一晩に

30人ほど参加した。カラオケをしながらどんどん**#ショット**をあけていき、みんな最後はベロベロになって店内が悲惨なことになる。だから、〝荒れ会〟。久しぶりに企画してもいいかな、と思いながらメンバーのグループLINEに投稿しておく。

私の朝は、たぶん一般の会社勤めの人よりかなりのんびりしている。勤め先が**#フレックスタイム制**を採用しているので、何か予定がない限り通勤ラッシュを避けて出社するのだ。

SNSチェックの後は、**#Google Home**で音楽再生。「OK Google, play morning playlist」の一言で朝のプレイリストが再生される。顔を洗い、冷蔵庫から取り出したスムージーを飲みながら、Google Homeに天気を教えてもらう。今日は暖かいみたいだから、半そでのワンピースに薄手のカーディガンにしよう。

---

① #ビルボード：アメリカで最も有名な音楽ヒットチャート。日本でいうオリコンのようなもの。

② #ショット：度数の強いお酒を薄めずショットグラスに入れて飲むこと。ショットの定番としてはテキーラ、イエーガーマイスターなど。

③ #フレックスタイム制：一定期間の労働総時間内であれば、始業時刻・終業時刻を自分で決められる制度のこと。

④ #Google Home：Google社が販売しているスマートスピーカー。呼びかけるだけで、ニュースや天気を教えてくれたり、情報を検索したり、タイマーをセットしてくれたりと多くの機能がある。ジョークも言ってくれる。

服を選ぶときに#サッシュベルトが床に落ちる。もうこれ、廃れてるよね。元々そんなに好きなデザインじゃなかったし、と思いながらゴミ箱にポイ。

スムージーだけの朝ごはんと着替えを済ませ、メイクタイムに移る。下地とファンデは昔から使っている国内の化粧品メーカー。チークとアイシャドウ、リップは#デパコスの外資系ハイブランド。だって高いのってやっぱり発色が全然違うんだもん。それ以外はほぼドラッグストアで買うプチプラのものだ。

特にお気に入りのブランドがあるわけではなく、買い換えるたびに新しいカラーや新しいカテゴリーのものにトライする。眉を描き、#眉マスカラで色を塗ってパウダーをオン。瞼《まぶた》にはアイシャドウベースを塗ってからベージュ、ゴールド、ブラウンと色を重ねていく。目の下の涙袋は2色使い。#シェーディングとハイライト、チークを済ませて完了だ。リップは出社する直前にぱぱっと唇にのせるのがいつものメイク。

……ん？　なんか物足りない。と思ったら下まつ毛のマスカラを忘れていた。上のまつ毛は#まつエクだけど下は地のまま。閉じかけた化粧ポーチをもう一度開く。もうそろそろ出ないと、10時半からの打ち合わせに間に合わない。

最寄駅から会社までの2駅でニュースアプリの記事を読み流し、改札から地上までのエスカレーターでリップを塗る。うん、急ぎ足で行けば間に合う。

私の仕事は、WEBメディアの企画職。いろんな人にインタビューをしたり、デザイナーやライターと打ち合わせしたりして毎月複数の記事コンテンツを考える。今の自分には天職かもしれない。「会社にいる時間が憂鬱」「早く結婚して仕事なんか辞めたい！」とぼやく周りの子に比べて、私はずいぶん幸せだなと感じる。でもまあ、結婚して子どもを産んだらもう少し早く上がれる仕事にするかもしれないけどね。夫の稼ぎがすごく良ければ、#フリー

⑤　#サッシュベルト：柔らかい布の素材でできた太いベルト。ウエストの飾りとして2017年春〜夏を中心に流行した。

⑥　#デパコス：デパートコスメの略。百貨店で売っているハイブランドの化粧品のこと。

⑦　#眉マスカラ：眉毛専用のマスカラ。塗ると眉がふんわりして垢ぬけた印象になったり、髪の色に合わせた眉毛の色に染めたりすることができる。

⑧　#シェーディングとハイライト：自分の肌の色より1〜2トーン明るい色と暗い色を顔の一部に塗り、影や光を作ることで、立体感のある顔が作れる。

⑨　#まつエク：自分のまつ毛につけるエクステンション。メイクをしなくても長いまつ毛がキープできる。

⑩　#フリー：業務委託の形をとってフリーランスで働くこと。

で#ノマドで働くってのもありだと思う。その「いつか」のためにもっとスキルを磨いて経験を積まなきゃ、と今は思ってる。

打ち合わせを2本終わらせて、午後1時。会社から歩いてすぐの#コワーキングスペースに足を運ぶ。コンクリート打ちっぱなしのスタイリッシュな空間には、見知った顔の中に新入りが一人。見た目はかなり若いようだが、#MBAに向かって何かを真剣に打ち込んでいる。

フロアを一つ下がって、カフェで待ち合わせをしている慶介を探す。

「麗奈！　ここ！」大学時代の友人、慶介のよく通る声が聞こえた。

メニューを選びながら、慶介にあの新入りについて聞いてみる。

「ああ、なんか最近よく話聞く早稲田の子だよ。今朝話したんだけどさ、まだ4年生なのに事業二つやってて、この前でかい投資案件決めたらしい」

興味を持ったら早速#界隈検索。名前をFacebookで調べてみると、共通の友人が12人。その中に学生はいない。デザイナーのRiRyと事業家のたけるさんとも友達か。なるほどね。この子、つながっておいた方がいいかも。スマホから机の上のメニューに目を移して一言。

「慶介さ、後でこの子、つないでくれない？」

会社に戻ったのは午後３時。慶介とのランチを終えた後、あの子とかなり長く話しこんでしまった。面白そうな事業やってるし、かなり優秀なのは間違いない。今度またお話しさせてもらおっと。

会社を出るのは、いつも７〜８時頃だ。駅に向かう道で＃TinderとＬＩＮＥを行ったり来たり。

「よく歩きながらTinderできるね〜。信じらんない！」って友達に言われたことがあるけれど、そんな恥ずかしいことかな？　一昔前の危険な出会い系サイトじゃあるまいし。共通の友人や関心事も見られる今、Tinderはオフラインの無限合コンみたいなものだと思う。

---

⑪　＃ノマド：ノマドワーカー。パソコンなどのＩＴ機器を使うことで働く場所にとらわれず、様々な場所で仕事をするワークスタイルのこと。家、おしゃれカフェ、海外でも仕事ができる。

⑫　＃コワーキングスペース：会員であれば自由に仕事ができる図書館のようなオープンスペース。単なるシェアオフィスとは違い、参加者同士のつながりを重視する傾向がある。

⑬　＃ＭＢＡ：Apple社のMacBook Airの略。

⑭　＃界隈検索：FacebookなどのＳＮＳで名前を検索し、共通の友人やつながりをチェックすること。

⑮　＃Tinder：Facebookの情報と位置情報を使ったマッチングアプリ。顔写真と簡単なプロフィール、共通の友人を見てお互いに「Like」を押すとマッチングが成立しチャットができるようになる。

ちょっと写りのいい#詐欺写をプロフに設定しておけば男性にも女性にもマッチする。会話がスタートしてお互い興味を持てば、いきなり一対一で会うこともあったり、飲み会を開いたりしていくらでも面白い人たち、かっこいい人たちとつながれる。

「出会い系とかありえない！」っていう友達に限って、

「麗奈なんでこの人と知り合いなの⁉ すごい、紹介してよ〜」ってお願いしてくるんだよなあ。

考え事をしながら、ほぼ無意識にTinderをチェックしていたところに、心臓がドキンとひっくり返りそうになる。

「純也……」

久しぶりに見る笑顔が丸い線に縁取られている。

「like:dance, travel, drive　I'm working at Roppongi.　Let's hang out!」

プロフィール欄を読むと、意外にも胸のあたりにズキッと鈍い痛みが走った。

「全然変わってないな……」と苦笑しながら、#左にスワイプ。

連絡を取らなくなって半年。別れてから８ヶ月、か。まだあの六本木のタワーで働いてるんだ。純也は、いわゆる**#ハイスペ彼氏**。東京の国立大を卒業して、１年のボストン留学を挟んで**#外コン**に入社。お父さんは商船会社の役員で、実家は成城の大きい一軒家。顔は普通だけど、身長は１７８㎝。私よりも３歳年上。

合コンで初めて会ったときから、普段の遊び仲間の派手な商社マンや**#外銀マン**とは違うものを感じていた。出会ってから何度か食事に誘われ、４回目のデートで告白された。平日の夜、ＢＭＷでのドライブデート。普段どんなにいろんな人に会っていても、想いを寄せて

---

⑯　#詐欺写：絶妙な角度から撮ったり写真加工アプリを使ったりすることで、別人のように美しく撮れている写真のこと。

⑰　#左にスワイプ：右スワイプの「Like（あり）」に対して「Nope（なし）」。相手が自分をLikeしていても、自分が「Nope」を選べばマッチすることはない。ちなみにスワイプとは、スマホなどのタッチパネル画面で指を滑らせるように触り、操作すること。

⑱　#ハイスペ彼氏：ハイスペとはハイスペックの略。学歴や職業・収入を兼ね備えた彼氏のこと。人によっては容姿や性格を〝ハイスペ〟の条件に加える場合もある。

⑲　#外コン：外資コンサルティングファームの略。

⑳　#外銀マン：外資投資銀行に勤めている男性のこと。

いた男性から選ばれるのは特別だ。告白された瞬間、嬉しさと恥ずかしさが込み上げてきて、思わず助手席で自分の膝を握りしめてしまったのを覚えている。

それから1年間、小さな喧嘩はありつつも、そこそこ仲良く付き合っていた。二人の未来を信じて疑わなかった、なんて言うと大げさだけど、結婚してもいいかもと思った初めての恋人だった。喧嘩のきっかけはいつも、私の遊び方。そして別れのきっかけは、言い合いの中で純也の放った一言だった。

「いつもいろんなやつとちゃらちゃら遊んで、薄っぺらい人間関係作って。だから麗奈には本当の友達なんかいないんだよ」

学生時代から、できるだけ多くの人と知り合ってみよう、とは心がけてきた。サークルやバイトを掛け持ちして、誘われたイベントにはできるだけ顔を出すようにした。もちろん誰かれかまわず親しくしているわけではない。高校からの親友、気の置けない仲間、いつもお世話になっている先輩もいれば、一緒に騒ぐだけの〝遊び友達〟や1回飲み会で会っただけの〝知り合い〟程度の人もいる。2000人近くいるFacebookの友達の中でも、自分なりに濃淡をつけて付き合っているつもりだ。

人間関係が広いせいで、私のことを良く知らない人から「SNS好きの薄っぺらい女」と見られるのは仕方ない。初対面の人に良くない印象を持たれたこともある。でも、1年も一緒にいた恋人に言われるのはショックだった。ずっとそんな目で見られていたのかと思うと、ひどく惨めな気分になった。ホントは全然惨めなんかじゃないはずなのに。

その喧嘩から3日後、私は純也に別れを告げた。別れの理由を聞いても納得のいかない彼から、何度も連絡がきた。別れてから一度会ったが、やはりもう今までの二人ではなかった。楽しい時間は過ごせなかった。もう会わない、と決めた一人の帰り道で、「ああ、一つの言葉がこんなにパワーを持つことがあるんだなあ」と自分の状況をやけに客観的に捉えたことを覚えている。

思い出から意識を引き離し、手元で震えるスマホに目を向けると、LINEが何件もたまっていた。

「今週土曜日の詳細です！」から始まる長文。

会場は、先月外苑前にオープンしたラグジュアリーなラウンジバー。ずっと気になっていたので一気にテンションが上がる。40人規模のパーティーなんて久しぶり。何着て行こう？どんなテイストで行けば場にマッチするかな。早めに行って店内の写真撮っちゃおうかな？それはやりすぎ……？　帰りの電車に揺られながら、脳内で今週末のシミュレーションをする。金曜日は合コンを早めに切り上げて、終電前には帰ろう。そうだ、この前、免税店で買った高級マスクの出番かも。それで肌をしっとりもちもちにして、＃SABONのスクラブでボディケアもしよう。土曜は11時からの＃b-monsterのレッスンに間に合うように家を出て、パーティーの前に美容院に行こう。もうこの際、土曜に備えて服＃ポチっちゃおうかな。インスタで見たあのワンピ、すっごくかわいいんだよなあ……。

服のことを考えてから、ふと、また純也の言葉がよみがえってきた。私の人間関係って、そんな薄っぺらいものだろうか。……たぶん、それは外からの見え方でしかない。「誰と出会うか」って、思った以上に今の自分や自分の人生に影響を与えるものだと思う。今のうちに会える人と会って、できることを経験しておいた方が絶対いいのだ。少なくとも私はそう信じたい。これまでの自分を認めるためにも。

電車の窓の景色からスマホに目を落とし、お目当てのワンピースを探すために、またスクロールを始める。

㉑ ＃SABON：イスラエル発のボディケアブランド。東京では表参道に本店を構えており、様々な香り・効能を持つスクラブやボディローションなどを売っている。
㉒ ＃b-monster：暗闇の中で大音量の音楽に合わせてボクササイズを行うフィットネススタジオ。
㉓ ＃ポチる：ＥＣサイトで商品を購入すること。購入ボタンを押すことからポチると言う。カード決済にしてしまうと、ボタン一つで買えてしまい、ついつい買いすぎるので注意！

あなたは「何キャリ」？
キャリジョクラスター診断

本来は51個の質問で診断するキャリジョクラスターですが、
特徴に合わせて2〜3問の簡易質問にしてみました。
あなたご自身や周りの方々は何キャリでしょうか？

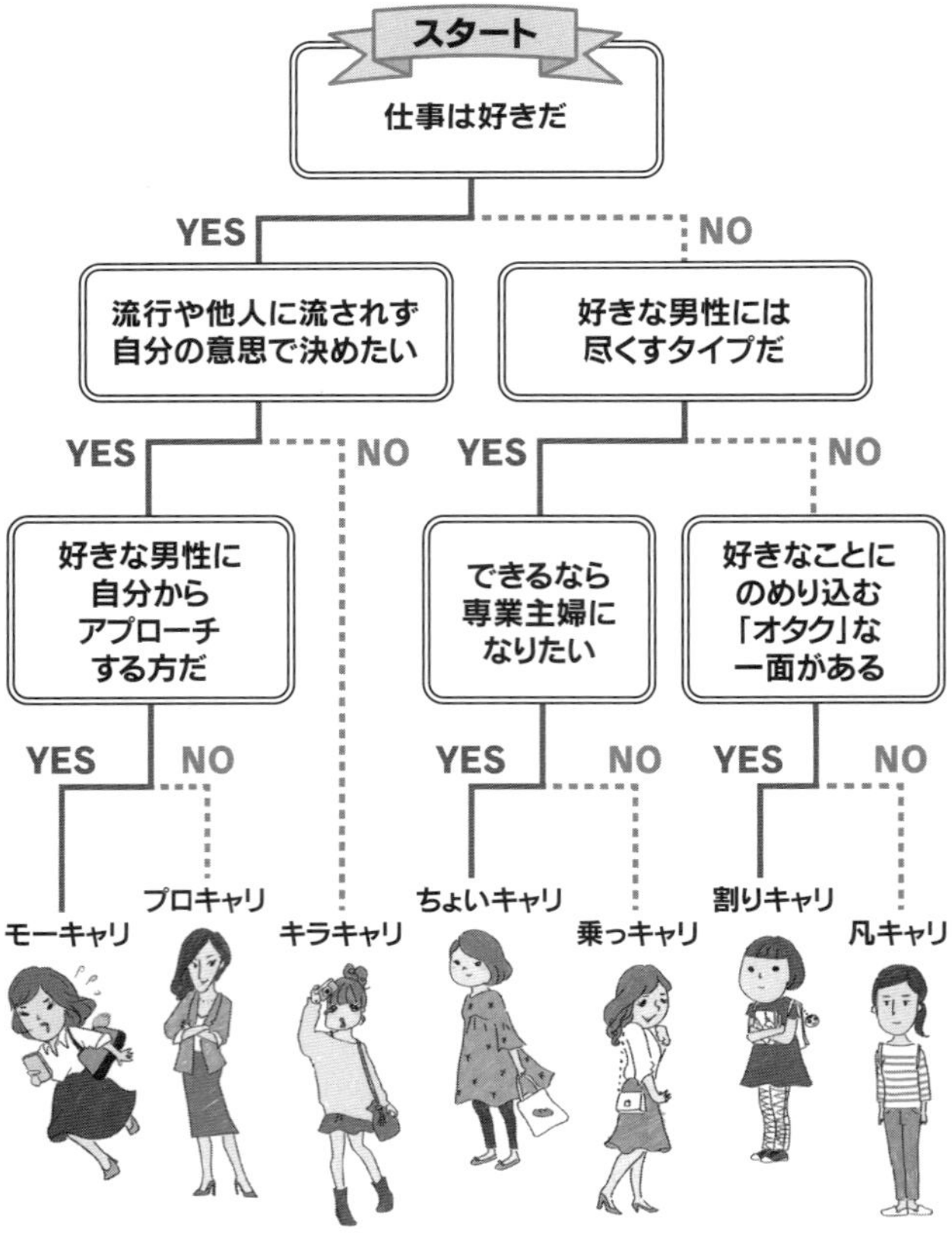

スタート
仕事は好きだ
YES
NO
流行や他人に流されず
自分の意思で決めたい
好きな男性には
尽くすタイプだ
YES
NO
YES
NO
好きな男性に
自分から
アプローチ
する方だ
できるなら
専業主婦に
なりたい
好きなことに
のめり込む
「オタク」な
一面がある
YES
NO
YES
NO
YES
NO
モーキャリ
プロキャリ
キラキャリ
ちょいキャリ
乗っキャリ
割りキャリ
凡キャリ

第4章

現代の女性が働く・生きるということ

犬山紙子さんスペシャルインタビュー

前章までは、イマドキの働く女性の意識・実態を紐解いてきました。ここからは、キャリジョ研以外の視点も交えてキャリジョ自身や置かれた環境について考察を深めるため、様々な女性に接し、女性の言動を洞察されているコラムニスト、イラストエッセイストの犬山紙子さんにお話をうかがいました。

職場における上司や同僚との「あるある」トラブルから、女性のモテに対する意識や憧れの女性像の変化、働く女性が幸せに暮らすヒントまで、ざっくばらんにお聞きしました。

犬山紙子さん

犬山紙子（いぬやまかみこ）　１９８１年生まれ。コラムニスト、イラストエッセイスト。ニート時代に出会った〝美人なのに恋愛下手な友人たち〟を描いたブログの書籍化『負け美女』（マガジンハウス）でデビュー。『週刊ＳＰＡ！』『an・an』『文學界』はじめ多くの雑誌で執筆。近著に『言ってはいけないクソバイス』（ポプラ社）、『私、子ども欲しいかもしれない。妊娠・出産・育児の〝どうしよう〟をとことん考えてみました』（平凡社）など。テレビ、ラジオでも活躍。

――はじめに、犬山さんから見える女性の働きづらさの源をお聞きしたいと思います。日本でも男女平等はずいぶん進んではきているものの、仕事において、女性の働きづらさはまだまだあると感じています。

犬山紙子さん（以下犬山）　まず、男性と比べて女性は平均年収が低い。それに、増えているとはいえ、管理職に女性が少ない。あとはやっぱり、子どもの出産前後で相当キャリアがダウンしてしまう。産休を取るのは女性ばかりですものね。こういったことが現状としてそもそもあるから、働きづらさは前提になっていると感じています。

加えて、なくならないのがセクハラ。今はまだ、「セクハラめいたことを言うのは、いじってるだけだから大丈夫」という風潮がありますよね。その「いじり」が、バラエティ番組だけでなく、会社の中でもＯＫという雰囲気があって、それがセクハラにつながっているという感覚です。

ようやく、セクハラはダメというふうになってきていますけど、あと20年ぐらいは戦わなきゃいけない課題なのかなと思います。いろんな若い女性に話を聞くと、セクハラを受けている子は、やっぱり言えない。何か嫌なことがあっても言いづらい。言うことで自分の立場が悪くなるんじゃないか、自分に非があったんじゃないかと考えてしまうみたいです。

また、被害を訴えた子がバッシングされてしまうというのも、まだまだあります。だから、私はそんなことしなくてもよくなってほしいな、とは思うんですけれど「笑顔でかわす」ことが処世術というふうになっているんだと思います。

――では、働きづらさを誘発するセクハラなどを回避するためにも、職場の人間関係をどのようにこなしていけばいいでしょうか。職場での人間関係は男性と女性に限らず、女性同士でもいろいろとあると思うので、一つひとつ聞いていきたいなと思います。

まず、男性上司と女性の部下。一番オーソドックスな職場での関係です。セクハラなど問題になりやすい関係ですが、トラブルと対処法について考えてみたいです。

犬山　男性上司と女性部下というより、女性上司にもあてはまることですが、上司と部下の関係で思うのが「自分もこれをやられてきたから、おまえらもやれ」っていう。

――負の連鎖ですね。

犬山　不満としてすごく耳にしますね。負の連鎖を絶対自分で止めるっていう気概がないとなくならないので、なかなか止まらず、結構多いみたいです。

――女性の方から「それぐらいで、セクハラって言ってるの？」「我慢しなよ」って言ってしまう人もいたりして。

犬山　今まで自分が被害を受けてきた経験があって「俺もやってきたから、おまえもやれよ」系というのは、ちょっとトラブル上司だなという気がしますね。

さらに男性上司の場合、今まで当たり前のようにやってきたことに、最近セクハラという指摘がワンワン出るので「何を言ってもセクハラになるから、何も言えないよ」という言い方をする人がいるんですよ。これはセクハラの問題をそもそも理解する気がないので、ちょっと危険。セクハラに限らずハラスメントって、「相手が言われて嫌そうなことを言わない」という、ただそれだけのことです。だから「この人はたぶん、恋愛とか彼氏とかの話題は嫌だろうな」とか、相手の気持ちで考えられたら、ハラスメントはぐっと減るはずです。

——上司と部下には明確な上下関係があるから、上司の気が強くなってしまうのでしょうか。

犬山　ニコニコしてやり過ごしていたら、いつかはわかってくれるかもと思ったとしても、絶対わかってくれないっていうことを女性も知っておくと良いかもしれません。ベースになる宗教が違うと考えていいくらい。そのぐらいわかっていないモードだということを頭に入れておくと、対処しやすいかもしれないですね。

もう一つ、男性上司にありがちなのが、女性に対して「女性ならではの観点」と言いすぎな人。性差が関係ない仕事でも、やたらとこのフレーズを使う。

「さすが女性ならではの視点だね」みたいな褒め方って、実は褒めてないんですよ。逆に「さすが男性ならではの視点だね」と言われても嬉しくないでしょうし。その人自身を褒めるのではなく、性別を褒めてどうするの？　という。性別って、ただの属性ぐらいの感覚なので、あまりにも性別に寄りすぎた会話をする人も、ちょっと怖いなっていう気がします。

――女性だからというより、そもそもの人と人との付き合いということが重要なんですね。最近は、女性の管理職を増やそうという動きもあり、女性の上司と男性の部下のトラブルも見かけるようになりました。女性は、上司としてどういうふうに振る舞っていくべきなのでしょうか。

犬山　女性もセクハラ、しちゃってるんですよね。女性のセクハラは問題になりにくいんです。性別逆で、自分がやられたら嫌なことだったりするのに、若い男性だったらやってもいいでしょうというのが、なぜかあるんですよ。それを嫌がっている男性、結構いるっていうのに。これは、もう女性上司も男性上司と変わらない。ちゃんと「この人、これを言われたら嫌かな」と想像できるかどうかの問題。

男性は泣き言を言い難い空気ってあるから、彼女いないいじりだったりとか「そんな草食じゃダメだよ」みたいな、仕事とはまったく関係ないモテ指南でプライベートにズケズケ口を出したりされても嫌と言いにくい。女性上司だから許されるかというと、そうではないと思います。

ただ、仲良くなってきて、お互いそういう会話OKだねってわかり合えてたら、べつにいいと思うんですよ。でも、相手にかまわず、最初からそういう話を振るのはよくない。

仕事上のアドバイスはもちろん有益で、どんどんした方がいいけど、クソバイス（※一見アドバイスと見せかけて、上から目線で自分の持論を押し付けるアドバイス）は男性も女性も怒っていいんですよね。

——女性上司と女性の部下の関係の難しさってどうでしょうか。女同士だからこそ、わかり合えてうまくいくっていうパターンと、同族嫌悪なのか、うまくいかないパターンも聞きます。

犬山　同性でもハラスメント、全然ありますよね。さきほども触れた「私もこれぐらいやったんだから」という負の連鎖があったり。妊婦さんが仕事をしているときに「私も妊娠しながら働いたとき、これぐらいできたから」というふうに押し切られて、上司が経産婦さんの方がきつかったという人もいます。逆に経産婦さんだから気持ちをわかってくれて楽だったっていう話もあったり。本当にそれぞれなんですけれど、同性同士だとやっぱり「私もそのルールを守ったから」と謎ルールを押しつけたりとかもするんですよ。

——同じ立場で働いている女性同士でのトラブルはいかがでしょうか。

犬山　同じ立場の人同士の場合、マウンティングが起きやすいかな、と思います。男性同士もマウンティングはあるんですよ。でも、女性の方が、オブラートに包むのがうまいんですよね。

マウンティングが起きるときって、その人がコンプレックスに思っていることだったりするんですよね。やたらと服装のことをチクチク言ってくる人は、その人がファッションに対してコンプレックスがあったり。だからまず、この人はなんでこういうことを言ってくるんだろうっていう、原因を自分なりに考えて理解すると、意外とイラッとしなくなります。ああ、そうかそうか、コンプレックスなんだねっていうぐらいの感覚になる。

——非常に実践的なアドバイスありがとうございます。

次は、職場における「女性らしさ」についておうかがいしていきたいと思います。この「女性らしさ」はすごく厄介な言葉、概念だと思います。今日的な「女性らしさ」の扱われ方は、昔とどう変わってきているんでしょうか。

犬山　私は「女性らしさ」という言葉自体がもう「なし派」です。「女性らしいメイク」とか「女性らしさを強調するメイク」みたいな言い方ってどうなんだろうと思っています。例えば「肌の質感を引き立たせるメイク」とか違う言い方がたぶんあると思うんですよ。この「女性らしさ」の枠にあてはめることになってしまうのが気になります。

——「女性らしいもの」というと、ピンクやかわいいものがよく挙げられますね。男性が商品企画をすると、男性の中で想定された「女性らしさ」にそうじゃないよ！　と女性側から反発が起こったり……。ただ、一方で結局、巷《ちまた》の女性向けのものはピンクが多いし、やっぱりなんだかんだみんなピンクが好きだったりもしますが……。

犬山　子どもも、勝手にピンクを選びますからね。『Think PINK』（Pヴァイン）という本では「なぜ女の子がピンクを選ぶのか」が解説されています。親がピンクを与えないようにしていても、社会、周りの友達がピンクを好きだからという理由で、やっぱりピンクを選ぶようになることがあるということが書かれていました。

――「社会的な刷り込み」ということなんですね。

犬山　世間的なイメージでかわいいとされる、かっこいいとされるから選ぶっていうところが、結構あるのかなと思います。個人の好き嫌いの場合はいいけど、職場における「女性らしさ」とか「性」って差別やハラスメントにつながりやすくて、ありかなしかだとグレーだと思うので、性にこだわらない多様性で考えた方がいいなと思っています。女性だから色気が必要とか、女性だからかわいく振る舞うのではなくて「自分の個性をどうよく見せるか」っていうことだと思うんです。

「モテ」も自分の個性の中で、どこを出せば自分がターゲットとする人の心をくすぐるものなのかということを意識する方が大事。「女性らしさ」を気にするというよりは、まず自分はどんな人なのかという「自分の個性」をわかった上で、その強みを使っていくということなのかなって。

男性目線を気にしてやることも、べつに悪くないと思うんです。それを武器というか、本気で鍛え上げている人たちはすごいですから。その「モテ」はもうその人の生きがいみたいなもんなんですよね。「服が生きがい」「音楽が生きがい」のように「モテることが生きがい」。それぞれの人の個性の中に「モテ」があるのかなという気がします。

——「モテ」も趣味・嗜好ということですね。そう捉えると、すごくわかりやすいです。次も賛否がある話ですが、「女子力」という言葉についてはどうお考えですか。

犬山　「女」という性で、「ネイルに興味ない」とか「料理興味ない」という人は「女子力が足りない」とバッシングされることがある。でも、それって本当に「女子力」なの？　ネイルや料理って、女子だからするものじゃなくて、したいからするものなんです。それを女子っていう言葉で括ってしまうのには違和感があります。だから、「女子力」という言葉自体が、私自身はあまりいい言葉じゃないと思っていますし、多用しない方がいいのかなという気がしています。

――ただ一方で、「女子力や女子会」という言葉が今の時代に合わないと思うかどうかを調査で聞くと、合わないと思う人が34・8％（※２０１７年2月のキャリジョ研オリジナル調査より）。割合としてはあとの7割弱ぐらいが、わりとすっと受け入れているというのが実態のようです。言葉としては結構便利で女性は女性で利用しているところはあるのかなと思います。

犬山　便利な面もありますよね、「女子力」。でも私、「女子会」は悪くないと思うんですけどね。単純に女子が集まる会合だから、そうだよねっていう話で。一時期、「女子」っていう言葉はやたらとバッシングされていましたよね。「女子」って若い子だけだから、大人は使うなというのもよく耳にしました。でも、「女子トイレ」はずっと「女子トイレ」ですよね。逆に女子会バッシングに対しては、バッシングしなくてもいいでしょうっていう派なんです。

ただ、「女子力」には、言葉の内包する意味合いで考えると、そこに「女子」を当てはめるのは変だよねという感覚があります。

――「女子力」というと、能力的なものが含まれているように感じるからですかね。「高い、低い」の良し悪し論になりやすい。

犬山　やっぱり「女子力」が指す内容なんですよね。「女性だから職場でこう動こう」とか「女性だからこういうスキルを上げよう」という感覚よりは、「私は料理が得意だから、みんなに手作りの差し入れを持って行こう」みたいな「私はこういう個性があるから」「結果的に料理好きな人が女性に多い」とかだったら全然いいんですけど。女性だからって押し付けられるのはおかしい。

――そうですね。非常に共感できます。「女子力」は、さっきの『Think PINK』の話みたいに、周りからつくられた「女性ならやらなきゃいけないこと」「相手から求められていること」という感じがありますものね。

犬山　でも、その「女子力」を利用してモテにいくぐらいのしたたかさを持っている子もいます。男ウケの「男子ホイホイ」消費（※キャリジョ研のトレンド分析の一つ）。「私、女子力ないんだよね」とか言いながらも、ラーメン食べたり、ビール飲んだりして、それをモテにつなげていく。それぐらい強い使い方ができればいいんですけどね。

――「モテ」の話が出たので、続いて恋愛の話をうかがってみたいと思います。最近だと、婚活アプリが広がっていたり、ＳＮＳが恋愛に影響を及ぼしていたりすると思いますが、このブームはしばらく続くのでしょうか？　今後の働く女性の恋愛観や結婚観は、どうなっていくと思いますか。

犬山　みんなが同じものを欲しがるという感じではなくなるのかなという気がします。女の人も自分の個性の出し方を、どんどん多様化できる。そして、相手に求めるもの、自分はこういう人がいいっていうのも、もっと多様化していくのかなって思います。

――好みの多様化を言い出しやすくなる、と。

犬山　「男性のカテゴライズ」と言うと、あまり聞こえがよくないですけど、まだザックリしてるんですよね。「草食」「肉食」みたいに。本来はそんな大きく括れるものではないから。そこからピンポイントに「私は家事が得意な人がいい」とか「コミュニケーションが密な人がいい」というふうに細かくなっていくのかなと思います。そうすると、居心地のいい人が求められることが多くなるのかな。仕事をしていて、プライベートな時間はホッとしたい、癒されたい。

一時期、井川遥さんに代表される「癒し系」がすごく流行っていましたよね。いま「癒し系男性」もまた、そういう感じで広がっていると思う。男性が求める、お嫁さんにしたいタイプみたいなものが、そのままそっくり女性にも……。

――そうすると、誰にでもモテる「超モテ男」みたいなタイプじゃなくても、細分化した好みにはまるチャンスが増えていくのでしょうか。

犬山　男性も、ＳＮＳで自分のよいところをアピールできるようになっているので、埋もれがちだった良さというのが、ちゃんと可視化されるようになるのかなと思います。

――逆に男性もニーズを察しているのか、「主夫になりたいんだよな」みたいなアピールって増えていませんか。自分がわりと草食系なのを自覚して、そこをうまく使っている人が増えている気がしています。「料理できるよ」みたいなことを、あえて言う人。

犬山　「男性もぶりっ子の時代」だと思うんです。だって今、ガツガツ女と遊びまくってて、わかりやすくギラギラしているよりは、どっちかっていったら優しい感じ、一見草食に見える人が多いなっていうイメージがあります。昔、女性が清純系のメイクをして、白いワンピースを着ていたのと一緒の流れだなと思ったんです。

――「結婚しない」選択は、広まってきてはいますが、そもそも「恋愛をしない」選択は、今後認められていくでしょうか。

犬山　本当にちゃんとセクハラが淘汰《とうた》されたら、恋愛しないという生き方がしやすくなると思います。セクハラのせいで、恋愛しろよ、早く結婚しろよっていうことをすごく言われて、知らず知らずのうちに影響を受けている。

あとは医療の進歩で、卵子の凍結が安くできるようになったり、保険が利くようになったりしたら、ガラッと変わると思いますね。

――確かにそうなると、もっと恋愛や結婚が自由になりますよね。出産可能な年齢が変われば、今よく聞かれる「出産したい年齢から逆算したキャリアプランやライフプラン」の線引きがなくなっていきそうです。

犬山　あと、子どもを産まない選択をした、結婚しない選択をした、それで私、楽しいんです、私はそれですごく幸せですという人が、今やっとメディアに出てくれるようになりました。今後もそういったロールモデルがどんどん出てくると、もっともっと自分が生きたい方向に、生きやすくなるのかなと、強く思います。これまでそうした方々が世間に出てこなかった。出てきにくい世の中だった。なぜかって、絶対「負け惜しみ」ってバッシングされますから。ただ、今はそうじゃないっていうのも、みんな肌で感じてきている。

――ロールモデルが、一人に決めづらい時代になっているので、いろいろなタイプの人が出てきてくれるといいですね。

犬山　そうなると「結婚してない自虐」や「彼氏いない自虐」が減ってくるのかなと思います。今は自虐ネタの一つですよね。それってたぶん処世術で、それでうまく昇華して自分も楽になるという。前提としてやっぱり「結婚してなきゃいけない」というのがあるから、その自虐が生まれるっていう構図だと思うので。

――今テレビを見ていても、求められている女性像がちょっと変わってきているかなと思っています。例えば、渡辺直美さんやブルゾンちえみさんみたいな芸人さんが人気だったり、海外だと、エマ・ワトソンさんとか、強さと女らしさを強調しているビヨンセさんが支持されていたりします。こうしたパワフルな女性たちが人気を集めている背景には何があるのでしょうか。

犬山　本当にこれ、おっしゃる通りだと思うんです。渡辺直美さんも、フェミニズムについて発言されたりしています。私もフェミニズムをしっかり勉強したわけではないですけど、要するに「性差で区切られず自由でいられる」っていうことだと思うんです。

自由でいるためには、パワフルでなきゃいけない。だから彼女たちが「自由の象徴」みたいに見えるのかなという気がしたんです。「女子力」に縛られず、自分のしたいことをする。身体の露出も、自分が自分の身体を愛していて、それを見せたいからする。

だから、私もこういうパワフルな女の人、すごく好きです。私もこうやって自由になっていいのかなと思わせてくれる人たち。渡辺直美さんをみんな、おしゃれとか、かわいいと思っていて、彼女の「太っている」という個性を見下して「かわいい」といっているのではありません。本心からそう思っていると感じるんですよね。やっぱり、多様性や個性が認められてきたっていうことだと思います。

――「自由」でいることと合わせて、「自分らしさ」を大事にしていることに価値を感じるようになってきていると思います。最近は広告や映画の表現などでも「ありのままの自分でいる」トレンドが出てきています。どうして突然、こうした「ありのまま文化」が出てきたのでしょうか。

犬山　これまでは「世間がいいとしているものがいい」だったのが、ネットでいろんな人のライフスタイルを見られるようになって、自分なりにこの人がいいって、自分にしっくりくる人を見つけられるようになったんですよね。

今は「女性が憧れる女性」がすごく多様化しています。石原さとみさんに憧れている人もいれば、安室奈美恵さんが好きな人もいますし、渡辺直美さんや、井川遥さんが好きな人も……本当に様々です。芸能人じゃない、一般の方に憧れている人だっています。ロールモデルの多様化、そして、そうしたロールモデルとなる人が、例えば「自分は太ってるけど、それは私の個性としてすごく気に入っている」と発信してくれているから、自分らしくいられることの価値に気づく人が増えた。

私自身の話をすると、青春だった1990年代は浜崎あゆみさんの全盛期で、目が縦にパッチリしているのが正義だったんです。すごいギャルメイクが流行ったし、目ってすごく縦に大きく盛らなきゃいけないものだっていうムードや感覚があって、それをつい最近まで呪いのように抱えていました。自分自身は奥二重なのに。

——今は三白眼の女の子のモデルの人気があったりします。黒目が大きくなきゃいけないっていうところから、解かれた感じがあります。

犬山　そういう呪いがどんどん解けてきた結果が現在ですね。

——女性のライフスタイルも、女性像も多様化している今、誰かを一つの特徴で区切っていくことの難しさを感じています。とはいえ「イマドキのキャリジョの共通意識」も探っていきたいです。

犬山　「頑張りすぎない」は共通意識としてあるのではないでしょうか。仕事もバリバリやっていて、きれいで……といった、全部完璧じゃなきゃいけないという風潮がやっと落ち着きましたよね。いやいやいや、抜くところは抜いていこうみたいな。そこまで「完璧」を求めなくていいよ、という空気になってきていて、雑誌でも「ゆる」っていう言葉を頻繁に目にしますし、「力を抜く」とか「おサボり」が特集されていたり。頑張りすぎない人もすごく増えている気がします。

あと、昔に比べて「プライベートを楽しんでいる」人が増えた印象があります。昔のキャリジョは、プライベートを全部捨てて、ずっと仕事しているイメージが強かったと思うんです。徹夜で仕事続きみたいなのが、キャリアウーマンのイメージだったのが、キャリジョクラスターでいう「モーキャリ」は、プライベートもすごく大事にするから、なるべく定時で帰るし。そのあと、おいしい店へ行くなり、フェスへ行くなり、プライベートから仕事のヒントをもらうみたいなこともあると思うので。

――仕事とプライベート、つまり「バランスを大事にする」という感じでしょうか。

犬山　あとはやっぱり「固執しない」こと。副業もずいぶん認められてきていますが、自分に合った形態で働くっていうのが増えてきているというのは思います。個人主義になってきたところもあるかもしれないですね。仕事の仲間同士で干渉しないし、あまり、みんなでつるまなくてもよくなった。昔は今よりもっと、女性の立場が弱かったので、女性は派閥にいてそこで守ってもらっていないと、仕事をするのがすごく大変だったことがあったと思うんですけれど、今はもう、「自分は自分」というやり方で、だいぶ通るようにはなってきたのかなと思います。

——個人主義は、一つの派閥に固執しないし、派閥にこだわらず、バランスよく職場の人とも接するということかもしれませんね。「頑張りすぎ」ず、「バランス重視」で「固執しない」というところがキャリジョの特徴でしょうか。

「働く女性が幸せに生きるヒント」を考察する今回のインタビューでしたが、大きく3点の気づきがありました。まず、職場で依然としてあるセクハラや先輩からの圧力について。これまで、こうした話題の場合「キャリジョの特徴に応じて言動に注意してほしい」という意味合いも込めて、研究知見を発信してきましたが、キャリジョにもできることはあるということ。「相手の言動の理由」や「相手の受け止め方」をちょっと想像してお互い理解することで、ハラスメントをなくしたり、気持ちを楽にしたりすることができそうです。

また、「女性らしさ」や「女子力」というのは「そう振る舞いたい人の嗜好性＝多様性の一つ」として捉えるべきなんですね。だから、男性側から押し付けたり、逆に女性側がないことを気にしすぎたりする必要はないものなのです。第1章の「モテ3・0」で、モテの多様化をお話ししましたが、そうした流れと同じなのだと感じます。さらに、「男性ぶりっ子」の台頭のお話では、多様性はもはや女性だけの話ではないのだと気づかされました。

最後に、今求められる女性像について。キャリジョ研では、憧れの女性像やロールモデルが変遷しながら、理想の一人に絞ることが難しくなり、ロールモデル不在時代になったと考えていました。そして、現在活躍する個性を活かしたパワフルな女性たちは、これまで言いづらかった「自分らしさ」を解放する勇気を与えてくれる新たな存在として、支持を得ているようです。誰かの真似でなく、自分から発信していく、という時代の変化を受け、今後も様々なタイプの女性が出てきそうですね。

では、最後に、今を生きるキャリジョたちに何かメッセージをいただければと思います。

犬山　「無理をしないでほしい」ということと、「人はどんどん頼ろう」ということをすごく伝えたいです。近くの上司がダメだったら、他に頼れる上司を見つけること。家事がすごく大変だったら、週一で代行サービスを頼んでみること。仕事をしていて、自分一人で抱え込んでしまったり、人に相談しなかったりする人はすごく多いと思うんですよ。友達や頼れる人をどんどんつくると、本当に生きやすくなる。憧れる人たちと仲良くしていると、さらに楽しく仕事がやっていけるのかなと思っております!

——心が軽くなるようなお言葉、どうもありがとうございました!

おわりに

キャリジョの仕事観、恋愛・結婚観の変化とその背景、ＳＮＳの使い方・使い分け術、キャリジョたちの悩みや本音……調査データとインタビューに基づき、キャリジョについて、様々な視点から、解説してきました。私たち自身も一人のキャリジョであるため、客観的な分析が難しい部分がある半面、リアルな生態や言動まで踏み込めている部分もあると思っています。

時代の流れとともに、男性中心社会のステレオタイプな女性像からどんどん自由になり始めたキャリジョたち。今後も新種のキャリジョタイプが登場するかもしれません。きっと、自分たちの個性を冷静に認識した上で、それぞれにとって快適な生活を見出《みいだ》し、工夫をする、パワフルでたくましい女性たちが現れてくることでしょう。現在のジェンダーギャップに関する意識変革がもはや当たり前になった未来では、「キャリジョ」という言葉自体も偏った昔の概念だ、というふうになるのかもしれません。また、そんな世の中になればいいな、とも思います。

最後に、本書の刊行にあたっては、光文社の廣瀬雄規様、調査とインタビューにご協力いただいたキャリジョの皆様をはじめ、執筆にご協力いただいたすべての皆様に感謝を申し上げます。また、最後までお読みいただいた読者の皆様にも、心より御礼申し上げます。

キャリジョ研メンバー一同

博報堂 キャリジョ研 Career Woman Lab

2013年、OLに代わる言葉の探求から始まり、働く女性の多様化を一言ではくくれないとしながらも新たな言葉として「キャリジョ」と命名し、研究をスタート。宣伝会議など、講演も多数行っています。本書では紹介しきれなかった「世代論」や、「キャリジョ年表」、「キャリジョクラスター×アクチュアルデータの分析」など、オリジナルソリューションも開発しています。

今後は、キャリジョの地域差や国際比較も視野に入れ、さらなる研究を進めていきます！

キャリジョ研ホームページ
http://career-woman-lab.com/
キャリジョ研 Facebookページも更新中
https://www.facebook.com/careerwomanlab/

博報堂キャリジョ研
（問い合わせ：career-woman-lab@hakuhodo.co.jp）
株式会社博報堂

買物研究所
松井博代
第一プラニング局
西谷麻衣　戸澤和　信川絵里
第二プラニング局
高田知花
第三プラニング局
神村英里　石橋沙織　伊尾木文佳　宇平知紗　瀧﨑絵里香
第二クリエイティブ局
岡村実玲　内田翔子
第三クリエイティブ局
川嶋ななえ
統合プラニング局
白根由麻
広報室
長谷川佑季
博報堂生活総合研究所アセアン
伊藤祐子

博報堂DYメディアパートナーズ
瀧川千智

博報堂キャリジョ研（はくほうどうきゃりじょけん）

広告会社博報堂および博報堂DYメディアパートナーズの女性マーケティングプラナー、プロモーションプラナー、メディアプロデューサーにて、2013年に立ち上げた社内プロジェクト。キャリア（職業）を持つ、特にお金と時間を自分のために使いやすい子どものいない女性を「キャリジョ」と定義し、有識者ヒアリング、女子会形式の定性調査、インターネットによる定量調査などを通じて「キャリジョ」を徹底的に研究。その成果を社内外のナレッジとして共有し、日々のマーケティング・プランニング業務に生かしている。

働《はたら》く女《おんな》の腹《はら》の底《そこ》 多様化《たようか》する生《い》き方《かた》・考《かんが》え方《かた》

2018年4月30日初版1刷発行

著　者 ── 博報堂キャリジョ研
発行者 ── 田邉浩司
装　幀 ── アラン・チャン
印刷所 ── 近代美術
製本所 ── ナショナル製本
発行所 ── 株式会社光文社
東京都文京区音羽1-16-6（〒112-8011）
https://www.kobunsha.com/
電　話 ── 編集部03(5395)8289 書籍販売部03(5395)8116
業務部03(5395)8125
メール ── sinsyo@kobunsha.com

 ISBN 978-4-334-04350-6

931
常勝投資家が予測する日本の未来
玉川陽介

空き家問題、人工知能によってなくなる仕事、新たな基幹産業、国策バブルの着地点——。「金融経済」「情報技術」「社会システム」の観点から「2025年の日本」の姿を描き出す。

978-4-334-04337-7

932
誤解だらけの人工知能
ディープラーニングの限界と可能性
田中潤
松本健太郎

人工知能の研究開発者が語る、第3次人工知能ブームの終焉の可能性と、ディダクション（演繹法）による第4次人工知能ブームの幕開け。人工知能の未来を正しく理解できる決定版！

978-4-334-04338-4

933
社会をつくる「物語」の力
学者と作家の創造的対話
木村草太
新城カズマ

AI、宇宙探査、核戦争の恐怖…現代で起こる事象の全ては「フィクション」が先取りし、世界を変えてきた。憲法学者とSF作家が、現実と創作の関係を軸に来るべき社会を描く。

978-4-334-04339-1

934
「女性活躍」に翻弄される人びと
奥田祥子

女の生き方は時代によって左右される——。人びとの等身大の本音を十数年に及ぶ定点観測ルポで掬い上げ、「女性活躍」推進のジレンマの本質を解き明かし、解決策を考える。

978-4-334-04340-7

935
検証 検察庁の近現代史
倉山満

国民の生活に最も密着した権力である司法権。警察を上回る権限を持つ検察とはいかなる組織なのか。注目の憲政史家が、一つの官庁の歴史を通して日本の近現代史を描く渾身の一冊。

978-4-334-04341-4

936
最強の栄養療法「オーソモレキュラー」入門
溝口徹

がん、うつ、アレルギー、発達障害、不妊、慢性疲労…etc. 全ての不調を根本から改善し、未来の自分を変える「食事と栄養素の力」とは。日本の第一人者が自身や患者の症例を交え解説。

978-4-334-04342-1

937
住みたいまちランキングの罠
大原瞠

便利なまち、「子育てしやすい」をアピールするまち、イメージのよいまち、ランキング上位の住みたいまちは、本当に住みやすいのか？　これまでにない、まち選びの視点を提示。

978-4-334-04343-8

938
空気の検閲
大日本帝国の表現規制
辻田真佐憲

エロ・グロ・ナンセンスから日中戦争・太平洋戦争時代まで、大日本帝国期の資料を丹念に追いながら、一言では言い尽くせない、摩訶不思議な検閲の世界に迫っていく。

978-4-334-04344-5

939
藤井聡太はＡＩに勝てるか？
松本博文

コンピュータが名人を破り、今や人間を超えた。しかし藤井はじめ天才は必ず現れ、歴史を着実に塗り替えていく。奇蹟の中学生とコンピュータの進化で揺れる棋界の最前線を追う。

978-4-334-04345-2

940
ＡＩ時代の新・ベーシックインカム論
井上智洋

未来社会は「脱労働社会」――。ベーシックインカムとは何か。財源はどうするのか。現行の貨幣制度の欠陥とは。導入最大の壁とは。ＡＩと経済学の関係を研究するパイオニアが考察。

978-4-334-04346-9

941
素人力
エンタメビジネスのトリック?!
長坂信人

「長坂信人を嫌いだと言う人に会った事がない」――秋元康氏。超個性的なメンバーを束ねる制作会社オフィスクレッシェンド代表による仕事術、経営術とは？　堤幸彦監督との対談も収録。

978-4-334-04347-6

942
東大生となった君へ
真のエリートへの道
田坂広志

東大卒の半分が失業する時代が来る。その前に何を身につけるべきか？　高学歴だけでは活躍できない。論理思考と専門知識が価値を失う「人工知能革命」の荒波を、どう越えていくか？

978-4-334-04348-3

943
グルメぎらい
柏井壽

おまかせ料理ではなくお仕着せ料理、味よりもインスタ映え、料理人と馴れ合うブロガー。今のグルメ事情はどこかおかしい――。二十五年以上食を語ってきた著者による、覚悟の書。

978-4-334-04349-0

944
働く女の腹の底
多様化する生き方・考え方
博報堂キャリジョ研

今の働く女性たちは何を考え、どう生きているのか？「キャリア（職業）を持つ女性」＝通称「キャリジョ」を徹底分析。多様化する、現代を生きる女性たちのリアルに迫る。

978-4-334-04350-6

945
日本の分断
切り離される非大卒若者《レッグス》たち
吉川徹

団塊世代の退出後、見えてくるのは新たな分断社会の姿だった――。計量社会学者が最新の社会調査データを元に描き出す近未来の日本。社会を支える現役世代の意識と分断の実態。

978-4-334-04351-3